PRIMEIRA EDIÇÃO - 2022

Ilustración gráfica adicional: www.freepik.com
Graças a Alekksall, Starline, Pch.vector, Rawpixel.com,
Vectorpocket, Dgim-studio, Upklyak, Macrovector,
Stockgiu, Pikisuperstar & Freepik.com Designers

Descobrir Jogos Online Grátis

Disponível Aqui:

BestActivityBooks.com/FREEGAMES

5 DICAS PARA COMEÇAR

1) CÓMO RESOLVER LAS SOPA DE LETRAS

Os puzzles têm um formato clássico:

- As palavras estão escondidas sem espaços ou hífenes,...
- Orientação: As palavras podem ser escritas para a frente, para trás, para cima, para baixo ou na diagonal (podem ser invertidas).
- As palavras podem sobrepor-se ou intersectar-se.

2) APRENDIZAGEM ACTIVA

Ao lado de cada palavra há um espaço para anotar a tradução. Para encorajar a aprendizagem activa, um **DICIONÁRIO** no final desta edição permitir-lhe-á verificar e expandir os seus conhecimentos. Procure e anote as traduções, encontre-as no puzzle e adicione-as ao seu vocabulário!

3) MARCAR AS PALAVRAS

Pode inventar o seu próprio sistema de marcação - talvez já use um? Pode também, por exemplo, marcar palavras difíceis de encontrar com uma cruz, palavras favoritas com uma estrela, palavras novas com um triângulo, palavras raras com um diamante, e assim por diante.

4) ESTRUTURANDO A APRENDIZAGEM

Esta edição oferece um **CADERNO DE NOTAS** prático no final do livro. Nas férias, em viagem ou em casa, pode facilmente organizar os seus novos conhecimentos sem a necessidade de um segundo caderno!

5) JÁ TERMINOU TODAS AS GRELHAS?

Nas últimas páginas deste livro, na secção **DESAFIO FINAL**, encontrará um jogo gratuito!

Rápido e fácil! Consulte a nossa colecção de livros de actividades para o seu próximo momento de diversão e **aprendizagem**, a apenas um clique de distância!

Encontre o seu próximo desafio em:

BestActivityBooks.com/MeuProximoLivro

Aos vossos lugares, preparem-se...Vão!

Sabia que existem cerca de 7.000 línguas diferentes no mundo? As palavras são preciosas.

Adoramos línguas e temos trabalhado arduamente para criar livros da mais alta qualidade para si. Os nossos ingredientes?

Uma selecção de tópicos adequados à aprendizagem, três boas porções de entretenimento, e depois acrescentamos uma colherada de palavras difíceis e uma pitada de palavras raras. Servimo-los com amor e máximo divertimento, para que possa resolver os melhores jogos de palavras e se divirta a aprender!

A sua opinião é essencial. Pode participar activamente no sucesso deste livro, deixando-nos um comentário. Gostaríamos de saber o que mais lhe agradou nesta edição.

Aqui está um link rápido para a sua página de encomendas:

BestBooksActivity.com/Avaliacoes50

Obrigado pela vossa ajuda e divirtam-se!

A Equipa Inteira

1 - Dirigindo

```
S  K  T  T  P  J  E  Š  A  K  S  N  A  H
P  O  G  M  O  T  O  C  I  K  L  E  U  T
Z  Č  O  N  L  I  C  E  N  C  A  S  T  P
V  N  R  O  I  D  O  E  Y  O  H  R  O  L
E  I  I  L  C  A  Y  G  S  B  P  E  M  I
P  C  V  I  I  O  P  A  A  T  I  Ć  O  N
R  E  O  T  J  D  P  R  P  E  A  A  B  Z
I  R  N  K  A  R  T  A  O  O  Y  S  I  R
J  N  W  U  A  Y  M  Ž  S  N  P  Y  L  G
E  N  W  G  O  H  B  A  E  N  H  R  A  W
V  Y  U  L  I  C  A  Z  O  F  O  S  E  J
O  M  Z  J  M  O  T  O  R  C  J  S  A  Z
Z  Y  W  R  S  I  G  U  R  N  O  S  T  S
P  R  O  M  E  T  D  T  U  N  E  L  O  Y
```

NESREĆA	MOTOCIKL
AUTOMOBIL	MOTOR
GORIVO	PJEŠAK
OPREZ	OPASNOST
CESTA	POLICIJA
KOČNICE	ULICA
GARAŽA	SIGURNOST
PLIN	PRIJEVOZ
LICENCA	PROMET
KARTA	TUNEL

2 - Atividades

```
U  M  J  E  T  N  O  S  T  L  T  O  G  O
B  B  K  T  A  S  L  I  K  A  O  B  F  M
A  K  T  I  V  N  O  S  T  M  J  V  Y  A
R  V  J  E  Š  T  I  N  A  A  H  T  V  F
Č  I  Y  U  Z  Z  W  O  A  G  F  V  R  O
I  D  B  D  A  W  V  C  Y  I  E  R  N  T
T  T  Z  A  D  O  V  O  L  J  S  T  V  O
A  Đ  K  E  R  A  M  I  K  A  U  L  H  G
N  L  M  O  P  S  B  P  N  S  P  A  Đ  R
J  M  C  B  Z  I  T  I  G  R  E  R  M  A
E  M  M  O  C  T  R  V  J  Y  L  S  B  F
J  J  J  H  Z  V  P  V  O  B  R  T  V  I
I  N  T  E  R  E  S  I  P  J  B  V  Z  J
P  J  E  Š  A  Č  E  N  J  E  G  O  E  A
```

UMJETNOST   INTERESI
OBRT   VRTLARSTVO
AKTIVNOST   IGRE
LOV   ČITANJE
PJEŠAČENJE   MAGIJA
KERAMIKA   RIBARSTVO
FOTOGRAFIJA   SLIKA
VJEŠTINA   ZADOVOLJSTVO

3 - Churrascos

```
Z  C  A  W  M  Z  N  O  Ž  E  V  I  V  N
R  Đ  V  O  Ć  E  M  U  B  G  V  E  R  E
F  I  L  Z  O  R  A  J  Č  I  C  E  U  I
M  E  H  L  P  O  V  R  Ć  E  T  Z  Ć  O
I  E  I  A  I  P  O  Z  I  V  P  E  E  T
G  N  O  E  L  G  L  A  Z  B  A  L  L  Z
R  J  H  Z  E  L  J  E  T  O  P  E  G  J
E  R  E  W  T  R  U  Č  A  K  A  N  K  U
H  J  S  M  I  S  O  K  U  E  R  N  A  M
G  L  A  D  N  O  D  Š  V  E  Č  E  R  A
S  R  L  P  A  L  N  J  T  P  L  E  Z  K
S  C  A  O  B  M  F  W  E  I  U  N  S  C
O  D  T  F  C  L  L  B  Đ  C  L  U  I  T
O  G  E  A  O  V  V  M  O  J  A  J  I  Y
```

RUČAK	IGRE
POZIV	POVRĆE
DJECA	UMAK
NOŽEVI	GLAZBA
OBITELJ	PAPAR
GLAD	VRUĆE
PILETINA	SOL
VOĆE	SALATE
ROŠTILJ	RAJČICE
VEČERA	LJETO

4 - Pesca

```
N U C C A N S V Đ E M P M V
D K D P A E T S O T N E A T
O O E H S M R E B D U R M J
S Đ W Đ T E P Z P A A A A O
P L A Ž A Đ L O D B B J C K
B S I N B S J N C F H E B V
Č A M A C F E A J E Z E R O
G H F W B E N J J R A V R O
K O Š A R A J U W V Y N Y Ž
U U O N L B E O P R E M A I
H Š K R G E Č E L J U S T C
A Z N A R I J E K A Y B V A
T E Ž I N A I A J U E P Z N
I P R E T J E R I V A N J E
```

VODA
PERAJE
ČAMAC
ŠKRGE
KOŠARA
KUHATI
OPREMA
PRETJERIVANJE
ŽICA
KUKA

MAMAC
JEZERO
ČELJUST
OCEAN
STRPLJENJE
TEŽINA
PLAŽA
RIJEKA
SEZONA

5 - Geologia

```
L U L Đ P J N I A F L Y F E
I C A G L C C K B L R T O E
D D V K A V E R N A G Z S V
V Y A S T A L A K T I T I F
W U W S O L V U P U L Y L V
K A L C I J M I N E R A L I
Z V K K O R A L J A G K P K
E W N L A V A I N Y D V O I
J W Z D K N T N K H J A T S
Y A O Y D K M P E A C R R E
K O N T I N E N T S M C E L
S T A L A G M I T I C E S I
E R O Z I J A C H P P E N N
K R I S T A L I Y S L O J A
```

KISELINA
SLOJ
KAVERNA
KALCIJ
KONTINENT
KORALJA
KRISTALI
EROZIJA
STALAKTIT
STALAGMITI

FOSIL
LAVA
MINERALI
KAMEN
PLATO
KVARC
SOL
POTRES
VULKAN
ZONA

6 - Tempo

```
P  R  I  J  E  G  N  V  Y  R  D  F  D  B
F  G  Y  C  M  S  T  O  L  J  E  Ć  E  D
K  U  J  Đ  I  J  G  O  D  I  N  A  S  Đ
P  G  U  H  N  G  E  N  K  R  K  S  E  V
U  Z  Č  S  U  S  O  S  A  T  V  A  T  C
U  J  E  N  T  S  H  D  E  B  T  O  L  I
M  Z  R  O  A  P  P  V  I  C  R  H  J  K
P  O  D  N  E  V  W  B  P  Š  E  W  E  A
P  R  O  Š  L  O  S  T  U  J  N  O  Ć  L
B  U  D  U  Ć  N  O  S  T  U  U  J  E  E
D  A  N  U  S  B  U  I  F  T  T  O  I  N
C  W  N  P  D  A  N  A  S  R  A  J  Y  D
Y  Đ  L  T  J  E  D  A  N  O  K  B  L  A
T  C  M  F  C  M  V  A  D  Đ  A  Y  L  R
```

SADA	PODNE
GODINA	MJESEC
PRIJE	MINUTA
GODIŠNJI	TRENUTAK
KALENDAR	NOĆ
DESETLJEĆE	JUČER
DAN	PROŠLOST
BUDUĆNOST	SAT
DANAS	TJEDAN
JUTRO	STOLJEĆE

7 - Astronomia

```
A  A  M  W  I  E  S  S  G  H  S  Z  Đ  P
Đ  S  U  J  C  L  V  U  R  A  U  V  O  L
N  T  T  Đ  Y  T  E  N  A  A  P  J  G  A
Z  R  B  E  Z  G  M  Č  V  S  E  E  F  N
Y  O  N  K  R  P  I  A  I  T  R  Z  N  E
H  N  C  V  A  O  R  N  T  R  N  D  M  T
G  O  D  I  Č  M  I  O  A  O  O  A  A  A
S  M  C  N  E  R  H  D  C  N  V  R  G  C
N  E  B  O  N  Č  R  F  I  A  A  N  L  M
F  T  P  C  J  I  R  J  J  U  E  I  I  J
T  E  A  I  E  N  T  N  A  T  R  C  C  E
P  O  P  J  G  A  S  W  W  U  A  A  A  S
E  R  H  A  R  A  K  E  T  A  D  W  W  E
K  O  Z  M  O  S  Z  E  M  L  J  A  O  C
```

ASTEROID	METEOR
ASTRONAUT	MAGLICA
ASTRONOM	ZVJEZDARNICA
NEBO	PLANETA
KOZMOS	ZRAČENJE
POMRČINA	SUNČANO
EKVINOCIJA	SUPERNOVA
RAKETA	ZEMLJA
GRAVITACIJA	SVEMIR
MJESEC	

8 - Circo

```
B  R  Ž  R  W  B  L  R  G  G  K  R  A  C
A  O  O  C  Z  O  V  U  I  L  L  V  M  W
L  D  N  Đ  J  M  D  V  G  A  A  M  K  M
O  S  G  I  F  B  T  J  W  V  U  Z  U  H
N  I  L  T  B  O  R  A  D  M  N  G  B  M
I  D  E  O  K  N  I  U  H  A  K  L  B  A
P  K  R  K  N  R  K  L  K  J  O  E  G  G
Č  A  R  O  B  N  J  A  K  M  S  D  C  I
M  K  R  M  Y  M  T  Z  L  U  T  A  Y  J
S  R  U  A  N  M  I  N  O  N  I  T  M  A
S  O  O  M  D  P  G  I  S  T  M  E  Đ  A
D  B  G  I  D  A  A  C  S  G  K  L  W  L
Š  A  T  O  R  I  R  A  V  O  J  J  J  H
M  T  E  L  V  Ž  I  V  O  T  I  N  J  E
```

AKROBAT
ŽIVOTINJE
BALONI
ULAZNICA
PARADA
BOMBON
SLON
GLEDATELJ
LAV
MAJMUN

MAGIJA
ŽONGLER
ČAROBNJAK
GLAZBA
KLAUN
ŠATOR
TIGAR
KOSTIM
TRIK

9 - Acampamento

```
C  V  K  U  K  A  C  O  P  R  E  M  A  K
K  L  O  V  M  V  D  Đ  M  V  M  U  Đ  E
A  F  M  I  J  A  C  E  F  I  P  I  H  K
B  M  P  B  E  N  H  Z  O  H  W  J  K  W
I  Đ  A  A  S  T  S  M  V  I  S  E  Ć  A
N  I  S  Y  E  U  T  Š  A  T  O  R  O  Ž
A  H  R  J  C  R  M  T  K  F  N  M  I
D  R  V  E  Ć  A  P  A  R  T  A  Y  Y  V
Z  F  W  Z  K  S  L  R  A  Y  E  N  D  O
O  Đ  D  E  A  E  A  N  I  C  Z  Y  U  T
U  G  F  R  R  H  N  B  P  R  F  A  T  I
S  Ž  R  O  T  K  I  A  H  L  O  R  O  N
Z  W  E  E  A  S  N  Š  U  M  A  D  N  J
Š  E  Š  I  R  Y  A  Z  S  H  E  F  A  E
```

ŽIVOTINJE	ŠUMA
AVANTURA	VATRA
DRVEĆA	KUKAC
KOMPAS	JEZERO
KABINA	MJESEC
LOV	VISEĆA
KANU	KARTA
ŠEŠIR	PLANINA
UŽE	PRIRODA
OPREMA	ŠATOR

10 - Emoções

```
N D O R R M I R A N B Z K H
J O R Y Z D I Y U F I A N H
E S S T R A H R S B J H E P
Ž A Đ Y A S D Y E J E V U R
N D Z P D C A O T W S A G L
O A W Z O R N D V V G L O J
S T D D S D Y P R O U A D U
T U B O T K U E U Ž L N N B
A G M K I T Z E Y C A J O A
H A E Y U B B A B Y C J A Z
L J U B A V U J N O Z L T N
V G Đ R B V Đ R O P W W P O
E A B L A Ž E N S T V O U S
C O R P P T N F Đ I W H H T
```

RADOST
LJUBAV
UZBUĐEN
BLAŽENSTVO
LJUBAZNOST
MIRAN
SADRŽAJ
NEUGODNO

ZAHVALAN
STRAH
MIR
BIJES
ZADOVOLJAN
NJEŽNOST
DOSADA
TUGA

11 - Ficção Científica

```
F U T U R I S T I Č K I U Z
V F K T E H N O L O G I J A
D A T O M S K I P D U K R M
I N T K E K F R L B Z T E I
S T D R E N N O A Z C E A Š
T A O S A J P B N J J Y L L
O S P Đ Y I F O E A N M N J
P T Y Đ W G E T T I O O O E
I I K U D E B I A L V I S N
J Č E I L U Z I J A J O G T
A A D O N S V I J E T T R Z
Đ N F P R O R O Č I Š T E Y
G A L A K S I J A M H A U F
E K S P L O Z I J A Z H P A
```

ATOMSKI	ILUZIJA
KINO	ZAMIŠLJEN
DISTOPIJA	KNJIGE
EKSPLOZIJA	SVIJET
KRAJNOST	PROROČIŠTE
FANTASTIČAN	PLANETA
VATRA	REALNO
FUTURISTIČKI	ROBOTI
GALAKSIJA	TEHNOLOGIJA

12 - Mitologia

```
G  L  E  G  E  N  D  A  R  L  O  S  B  I
M  R  U  L  Z  N  J  N  A  Đ  S  T  H  Z
P  S  M  R  T  N  I  K  T  S  V  V  C  W
O  E  H  L  H  L  L  S  N  K  E  O  N  Đ
N  U  E  T  J  Đ  V  T  I  U  T  R  L  M
A  D  F  M  S  A  A  G  K  L  A  E  A  G
Š  M  Č  U  D  O  V  I  Š  T  E  N  R  L
A  S  T  N  Y  E  T  I  W  U  A  J  H  S
N  J  S  J  E  B  W  S  N  R  F  E  E  N
J  U  N  A  K  W  S  M  N  A  L  O  T  A
E  S  T  V  A  R  A  N  J  E  E  H  I  G
J  U  N  A  K  I  N  J  A  K  P  G  P  A
L  V  K  A  T  A  S  T  R  O  F  A  A  Y
Č  A  R  O  B  N  I  C  M  Đ  E  N  S  E
```

ARHETIP	JUNAK
PONAŠANJE	LEGENDA
STVARANJE	ČAROBNI
STVORENJE	ČUDOVIŠTE
KULTURA	SMRTNIK
KATASTROFA	MUNJA
SNAGA	GRMLJAVINA
RATNIK	OSVETA
JUNAKINJA	

13 - Medições

```
L K C B M K J S A J W J D L
D I N Č D I V O L U M E N I
C L T E Ž I N A O T P L V T
J O A F Y C N U Đ E S W L R
M G K R R Đ M R T W G D B A
E R D D U B I N A A W R W O
T A E E N K I L O M E T A R
A M J Z C D U Ž I N A V S M
R S I S A I P G F A D I T D
Š I R I N A M B W C C S U F
H B U Z B M R A N N U I P B
C I T O N A Z J L A O N A E
U N E T W Z V T M A S A N W
S Đ C E N T I M E T A R J K
```

VISINA

BAJT

CENTIMETAR

DUŽINA

DECIMALA

GRAM

STUPANJ

ŠIRINA

LITRA

MASA

METAR

MINUTA

UNCA

TEŽINA

INČ

DUBINA

KILOGRAM

KILOMETAR

TONA

VOLUMEN

14 - Plantas

```
G A M U N H B R A F W K G R
R L L H W L I Š Ć E I A Z V
M C V I J E T P U A R K N E
L A T I C A W M M M E T P G
B L I S T K T A D J A U U E
A M M Z F B W H F Z T S I T
M J K V R T B O T A N I K A
B C C O T D R V O N O G I C
U F Đ N R K Š I P T P N B I
S H P R F I L N R R J O S J
G F L O R A J A P A N J I A
S R K C Đ O A E A V R I Y S
Đ Y A P K O N S N A I V W R
Z O Z H W B O B I C A O W V
```

GRM	ŠUMA
DRVO	LIST
BOBICA	LIŠĆE
BAMBUS	TRAVA
BOTANIKA	BRŠLJAN
KAKTUS	VRT
GRAH	MAHOVINA
GNOJIVO	LATICA
CVIJET	KORIJEN
FLORA	VEGETACIJA

15 - Veículos

```
T A P H Č U N A K B K N N T
R U F F E V S F B I A W I C
A T Č C G L R M G C Đ M L K
J O V A U V I F W I W O W A
E B Z K M H R K S K U T E R
K U D Z E A D V O L B O Z A
T S Y D A S C J L P N R U V
P O D M O R N I C A T P H A
S H I T N A P O M O Ć E A N
P R A K E T A T E F C R R U
L T R A K T O R A P D N Đ E
A S I U K O M B I K Y T E O
V C O K A M I O N O S W S I
Z R A K O P L O V J D I G G
```

HITNA POMOĆ	SPLAV
ZRAKOPLOV	SKUTER
TRAJEKT	MOTOR
ČAMAC	AUTOBUS
BICIKL	GUME
KAMION	PODMORNICA
KARAVAN	TAKSI
RAKETA	ČUNAK
KOMBI	TRAKTOR
HELIKOPTER	

16 - Restaurante # 2

```
Z  Đ  D  K  E  H  K  R  J  E  K  J  U  G
L  U  E  V  O  Ć  E  W  U  N  G  D  U  R
M  Z  A  Č  I  N  I  S  H  H  K  U  Z  Y
P  F  L  A  U  D  O  S  A  A  D  S  O  L
V  R  J  H  N  O  S  B  C  Y  C  N  Đ  E
I  I  V  E  Č  E  R  A  A  Z  U  V  L  D
L  B  Đ  D  Y  A  C  P  Ž  R  K  L  C  J
I  A  P  R  E  D  J  E  L  O  U  S  P  K
C  M  R  I  V  T  M  Đ  I  U  S  A  O  H
A  Đ  E  J  Ć  O  O  Z  C  H  N  L  V  T
R  B  T  E  S  E  D  W  A  H  O  A  R  O
S  T  O  L  I  C  A  A  C  Y  U  T  Ć  R
R  U  Č  A  K  H  U  Đ  A  Z  H  A  E  T
Đ  R  H  A  R  E  Z  A  N  C  I  Z  Đ  A
```

RUČAK	KONOBAR
PREDJELO	VILICA
VODA	LED
PIĆE	VEČERA
TORTA	POVRĆE
STOLICA	REZANCI
ŽLICA	RIBA
UKUSNO	SOL
ZAČINI	SALATA
VOĆE	JUHA

17 - Países #2

```
N Y G K M Z E V K Z C J D J
H S O M A L I J A E Y A A A
V I U K R A J I N A U P N M
G R Č K A L N E P A L A S A
L I G Y G N A G T I F N K J
I J C G Đ A P O K R Z W A K
B A F W U M E K S I K O M A
A L I N D O N E Z I J A I I
N B U G A N D A R U S I J A
O A Y F R Đ G O O L W R Z A
N N Đ U T F R A N C U S K A
K I P A K I S T A N T K T C
Đ J N Z H J U Y M T C A H K
H A I T I N I G E R I J A R
```

ALBANIJA	LIBANON
DANSKA	MEKSIKO
FRANCUSKA	NEPAL
GRČKA	NIGERIJA
HAITI	PAKISTAN
INDONEZIJA	RUSIJA
IRSKA	SIRIJA
JAMAJKA	SOMALIJA
JAPAN	UKRAJINA
LAOS	UGANDA

18 - Cozinha

```
J U B R U S P U Ž V A F Y H
W E J K E K D C O R R L W L
A M S U U C Z F R Č W P A A
B R S T Đ A E Đ Y M B P Y D
J V I L I C E P Ž L I C E N
F Đ Z A Č I N I T E N Š I J
P B I Č A J N I K S F A G A
R E Z A M R Z I V A Č L S K
E Z Ć F U Z V R O Š T I L J
G D R N O Ž E V I W D C W L
A J T Đ I L O F A R I E D B
Č E Z K G C J M J O E B Đ H
A L T M Đ T A L I O Z L R Đ
R A P P H S N B T T Y G I Đ
```

PREGAČA
ČAJNIK
ŽLICE
JESTI
KUTLAČA
ŠALICE
ZAČINI
SPUŽVA
NOŽEVI

PEĆNICA
ZAMRZIVAČ
VILICE
HLADNJAK
ROŠTILJ
UBRUS
VRČ
RECEPT
ZDJELA

19 - Brinquedos

```
B R M K V V R K P A D G V K
I I O A M R Č A M A C L V C
G Z C B Š M G M K N J I G E
R O P I O T O I Š A H N N B
E K K U K T A O B R T A M U
K Z O M L L E N G A N G O B
B O J E O O M I L J E N I N
F B H E P Z L O P H A V J J
C R Z H T C R S C R A P C E
P G Z R A K O P L O V Z S V
A U T O M O B I L U T K A I
F R M N B L A H H Z D D Y F
O U V L Đ Z M A J H L F U G
W U H F V Y I T H W D P F W
```

GLINA	AUTOMOBIL
OBRT	OMILJENI
ZRAKOPLOV	MAŠTA
ČAMAC	IGRE
BUBNJEVI	KNJIGE
BICIKL	ZMAJ
LOPTA	ROBOT
LUTKA	BOJE
KAMION	ŠAH

20 - Verão

```
E  Z  W  W  P  L  A  Ž  A  U  G  R  C  O
K  K  S  M  O  R  E  L  F  S  L  A  W  P
L  R  I  A  M  V  I  E  I  O  A  D  S  U
K  O  P  I  N  J  E  J  H  B  Z  O  Z  Š
K  N  A  Z  S  D  O  M  A  I  B  S  Y  T
A  J  J  V  S  W  A  H  T  T  A  T  U  A
M  E  I  I  G  R  E  L  J  E  E  A  D  N
P  N  Đ  J  G  V  R  T  E  L  F  L  E  J
I  J  D  E  U  E  E  L  N  J  F  L  J  E
R  E  L  Z  A  I  P  U  T  O  V  A  T  I
A  R  R  D  Z  N  C  K  O  T  N  Z  L  T
N  U  D  E  Đ  V  I  R  D  S  E  G  R  U
J  Z  P  W  Đ  G  A  J  Z  Y  I  E  R  M
E  L  S  R  U  L  D  W  W  L  A  C  F  A
```

KAMPIRANJE
RADOST
PRIJATELJI
DOM
ZVIJEZDE
OBITELJ
VRT
IGRE

KNJIGE
MORE
RONJENJE
GLAZBA
PLAŽA
OPUŠTANJE
SANDALE
PUTOVATI

21 - Material de Arte

```
P  Đ  Z  H  Z  L  H  J  L  O  D  K  R  V
N  I  O  C  A  J  U  Đ  H  L  Y  R  E  M
L  W  U  F  Č  E  T  K  E  Z  C  E  T  Đ
N  S  O  S  M  P  I  I  O  V  N  A  P  H
N  B  Z  S  E  I  N  T  G  M  A  T  N  Đ
C  R  R  P  O  L  T  H  K  U  H  I  P  B
P  A  P  I  R  O  A  E  W  V  Đ  V  C  Y
S  B  R  I  S  A  Č  S  T  O  L  N  B  U
A  T  Đ  B  F  U  G  N  T  D  V  O  O  G
B  K  O  O  G  L  I  N  A  A  U  S  L  L
O  C  R  L  G  J  O  L  T  E  L  T  O  J
J  T  F  I  I  E  M  R  C  C  W  A  V  E
E  C  R  I  L  C  R  B  R  D  K  U  K  N
P  D  I  T  J  K  A  M  E  R  A  J  E  E
```

AKRIL	BOJE
BRISAČ	KREATIVNOST
GLINA	ČETKE
VODA	OLOVKE
STOLICA	STOL
UGLJEN	ULJE
STALAK	PAPIR
KAMERA	TINTA
LJEPILO	

22 - Números

```
S  D  V  A  D  E  S  E  T  M  D  D  M  Y
E  J  V  Š  E  S  T  J  R  D  E  V  E  T
D  D  D  Z  S  I  F  V  V  O  C  A  A  J
A  P  V  G  E  F  D  Č  E  T  I  R  I  C
M  N  E  A  T  G  V  S  I  R  M  M  U  M
N  Č  K  T  N  O  S  A  M  N  A  E  S  T
A  N  E  L  N  A  U  B  P  Y  L  I  C  K
E  U  R  T  A  A  E  E  L  F  A  T  N  P
S  L  C  U  R  Š  E  S  N  A  E  S  T  E
T  A  W  H  P  N  A  S  T  P  A  C  A  T
S  E  D  A  M  F  A  I  T  D  O  S  Z  I
G  M  T  R  I  N  A  E  S  T  S  T  R  I
J  E  D  A  N  F  B  Đ  S  G  A  H  S  Đ
L  B  S  G  M  G  Đ  T  K  T  M  O  D  P
```

PET	ČETRNAEST
DECIMALA	ČETIRI
DESET	PETNAEST
ŠESNAEST	ŠEST
SEDAMNAEST	SEDAM
OSAMNAEST	TRINAEST
DVA	TRI
DVANAEST	JEDAN
DEVET	DVADESET
OSAM	NULA

23 - Ferramentas

```
K J G H U S Z L W N N H Y Y
L W O C W Ž Y A J Z Y U C S
A O Z Z M Č E K I Ć F K P J
M B A K L J A G L B D O E N
E B M F V K L I J E Š T A S
R D S A Đ W O F O L K A S P
I G T Đ L K A H M J A Č J A
C E M D U J A E K E R V E J
A Y C L B H M B P P E I K A
P R L P Z J M O E I T J I L
F C Đ B R I T V A L K A R I
B E L O P A T A N O I K A C
L J E S T V E O O H M D S A
T V Y F F J Z S Ž K U T L C
```

KLIJEŠTA   MALJ
KABEL   ČEKIĆ
LJEPILO   BRITVA
UŽE   VIJAK
LJESTVE   LOPATA
NOŽ   KOTAČ
KLAMERICA   ŠKARE
SPAJALICA   BAKLJA
SJEKIRA

24 - Especiarias

```
S G Y L U K P A P A R V G S
O B O Đ S N O A Đ U M B I R
L V P R L O S M P L Z O I A
K A R D A M O M O R R V W N
C I M E T K U A Đ R I U P I
U N S L K Č E Š N J A K V S
R K O R I J A N D E R Č A L
R G U Š Đ T L A R V U Z N A
Y E T A Y R H V Y C L R I T
W J T F Z O C D Đ W P V L K
U P A R W K I S E L O S I O
R O O A K U M I N D O V J B
J P W N K S Y P V Z U E A D
C D V F V N W T E H L W T T
```

ŠAFRAN	LUK
SLATKI	KORIJANDER
ČEŠNJAK	KUMIN
GORAK	SLATKO
ANIS	KOMORAČ
KISELO	ĐUMBIR
VANILIJA	PAPRIKA
CIMET	PAPAR
KARDAMOM	OKUS
CURRY	SOL

25 - Aniversário

```
W P E P O Z I V N I C E S T
F Đ R K A L E N D A R U R R
R G U O K A R T I C E Č E N
M A L J S R O W E D V I T D
U I D A N L R H S M K T A G
D O H O M R A J R F W I N B
R P J E S M A V R I J E M E
O O N B C T S D A M G D S D
S S J T S A A R D L O A V O
T E S R O Đ E N Z A D R I H
Đ B I U K R I P D D I I J K
T A G L O M T U I I N Z E E
Z N F W U C Y A J Y A E Ć O
P R I J A T E L J I W R E P
```

RADOSTAN	DAN
PRIJATELJI	DAR
GODINA	POSEBAN
UČITI	SRETAN
TORTA	MLADI
KALENDAR	ROĐEN
PJESMA	MUDROST
KARTICE	VRIJEME
PROSLAVA	SVIJEĆE
POZIVNICE	

26 - Casa

```
S L O R P O T K R O V L J E
L K G B P N P T U L O E Đ P
A N R A L F F R I H K M I N
V J A P R O Z O R P I V R T
I I D E M G I Đ Z J K N F U
N Ž A N E L D M W C U E J Š
A N D O T E P I H R Đ V H A
I I T V L D S O B A V I Z U
G C F K A A L G M R R R A V
M A L T V L F F A K A M I N
S T R O P O K F A R T A G R
Z N I N A M J E Š T A J L D
Z A V J E S E E Đ S W Ž V Y
J Z O A R T C W E C L S A F
```

KNJIŽNICA	KAMIN
OGRADA	NAMJEŠTAJ
TIPKE	ZID
TUŠ	VRATA
ZAVJESE	SOBA
KUHINJA	POTKROVLJE
OGLEDALO	TEPIH
GARAŽA	STROP
PROZOR	SLAVINA
VRT	METLA

27 - Vegetais

```
Đ  U  M  B  I  R  A  J  Č  I  C  A  P  H
G  B  R  U  R  O  S  T  S  N  T  U  A  P
R  P  K  N  Š  O  Đ  J  B  B  Y  A  W  A
A  L  V  D  P  P  K  R  U  M  P  I  R  K
Š  U  A  E  M  E  I  U  C  E  L  E  R  R
A  K  N  V  U  L  R  N  L  M  U  G  O  A
K  K  W  A  P  C  G  Š  A  A  B  L  T  S
I  O  N  Z  R  S  H  T  I  T  I  J  K  T
F  Z  W  L  M  A  N  E  U  N  L  I  V  A
Y  J  P  A  T  L  I  D  Ž  A  N  V  I  V
R  A  A  R  T  I  Č  O  K  A  N  A  C  A
E  K  Đ  U  G  O  A  L  Z  F  W  S  A  C
P  Č  E  Š  N  J  A  K  L  U  K  P  C  N
A  I  J  O  I  V  A  S  A  L  A  T  A  O
```

BUNDEVA	GLJIVA
CELER	GRAŠAK
ARTIČOKA	ŠPINAT
ČEŠNJAK	ĐUMBIR
KRUMPIR	REPA
PATLIDŽAN	KRASTAVAC
BROKULA	ROTKVICA
LUK	SALATA
MRKVA	PERŠIN
LUK KOZJAK	RAJČICA

28 - Exploração

```
H N E S H R K Đ P E C E H A
Ž R E V Z B A I R C H S N K
I K A P M R H V O J W G O T
V U J B O F M L S L O Đ P I
O L E W R Z H J T E R E N V
T T Z U C O N I O Y P P O N
I U I D R S S A R Đ W N V O
N R K F G A F T T N E F O S
J E V C U Č I T I R V N T T
E B U Z B U Đ E N J E F K B
I S C R P L J E N O S T R F
F W L G O P A S N O S T I R
P U T O V A T I N W Z V Ć C
O D L U Č N O S T R Đ B E Đ
```

ŽIVOTINJE	ISCRPLJENOST
UČITI	UZBUĐENJE
AKTIVNOST	JEZIK
HRABROST	NOVO
KULTURE	OPASNOSTI
OTKRIĆE	DIVLJI
NEPOZNAT	TEREN
ODLUČNOST	PUTOVATI
PROSTOR	

29 - Balé

```
S  U  M  J  E  T  N  I  Č  K  I  R  W  B
R  O  T  E  H  N  I  K  A  K  N  B  D  A
K  I  L  N  R  C  C  M  O  T  P  Đ  L
R  I  T  O  P  D  U  W  D  R  E  U  P  E
S  I  S  A  E  R  Y  O  H  E  N  B  C  R
T  F  K  V  M  F  A  R  P  O  Z  L  E  I
I  P  L  J  E  S  A  K  T  G  I  I  P  N
L  P  A  E  K  V  L  E  S  R  T  K  R  A
A  L  D  Š  A  G  E  S  T  A  E  A  O  T
P  E  A  T  I  I  P  T  R  F  T  P  B  F
S  S  T  I  I  G  R  A  C  I  O  Z  A  N
Z  A  E  N  V  U  S  R  L  J  Y  R  A  R
R  Č  L  A  I  Z  R  A  Ž  A  J  A  N  C
J  I  J  T  D  Y  G  L  A  Z  B  A  P  C
```

PLJESAK	GRACIOZAN
UMJETNIČKI	VJEŠTINA
BALERINA	INTENZITET
SKLADATELJ	GLAZBA
KOREOGRAFIJA	ORKESTAR
PLESAČI	PRAKSA
PROBA	PUBLIKA
STIL	RITAM
IZRAŽAJAN	SOLO
GESTA	TEHNIKA

30 - Conservação

```
I  N  Đ  T  M  V  W  W  K  Z  H  I  L  E
Z  A  G  A  Đ  E  N  J  E  L  L  R  U  K
S  T  A  N  I  Š  T  E  O  M  I  F  J  O
C  I  K  L  U  S  G  K  M  B  O  M  K  S
P  E  S  T  I  C  I  D  P  Z  O  Y  A  U
D  O  B  R  A  Z  O  V  A  N  J  E  G  S
Z  D  R  A  V  L  J  E  H  Y  G  F  E  T
D  R  N  G  Đ  G  E  T  Z  E  L  E  N  A
V  Ž  T  U  A  E  K  O  L  O  Š  K  I  V
O  I  L  J  J  N  V  O  L  O  N  T  E  R
D  V  Z  U  C  O  S  M  A  N  J  I  T  I
A  I  Y  R  E  C  I  K  L  I  R  A  T  I
K  P  H  D  D  K  P  R  I  R  O  D  N  O
Y  R  D  W  T  V  S  G  Y  Z  O  G  I  H
```

EKOLOŠKI
VODA
CIKLUS
KLIMA
EKOSUSTAV
OBRAZOVANJE
STANIŠTE
PRIRODNO
ORGANSKI

PESTICID
ZAGAĐENJE
RECIKLIRATI
SMANJITI
ZDRAVLJE
ODRŽIV
ZELEN
VOLONTER

31 - Adjetivos #1

```
A T R A K T I V A N M H U U
V R I J E D A N E J R Y S M
B A R O M A T S K I A V P J
S Đ G T A N A K R G K E O E
T A J A N S T V E N I L R T
T V V M O D E R A N S I I N
Z E G R E G F I L I K K T I
W L Š Z Š W R G D N R O I Č
F I S K I E P O W D E D J K
N K F V A Ž N O M P N U D I
Đ I A P S O L U T A N Š T S
E J U O Z B I L J A N A R E
E G Z O T I Č N O D B N W G
I D E N T I Č A N A N L O D
```

APSOLUTAN   ISKREN
AROMATSKI   IDENTIČAN
UMJETNIČKI   VAŽNO
ATRAKTIVAN   USPORITI
OGROMAN   TAJANSTVENI
MRAK   MODERAN
EGZOTIČNO   SAVRŠEN
TANAK   TEŠKA
VELIKODUŠAN   OZBILJAN
VELIKI   VRIJEDAN

32 - Insetos

```
V  P  K  B  U  H  A  P  B  N  E  K  K  D
I  Ž  O  H  A  R  O  Č  U  T  L  S  O  M
L  Đ  P  W  G  Y  D  E  B  J  U  K  M  O
I  M  L  F  P  O  M  L  A  R  V  A  A  Z
N  L  E  P  T  I  R  A  V  R  V  K  R  J
K  H  I  C  T  F  A  W  Z  F  L  A  A  V
O  K  J  S  Y  C  V  R  Č  A  K  V  C  C
N  O  N  L  N  T  B  U  B  A  M  A  R  A
J  S  P  W  G  E  K  S  S  W  O  C  H  S
I  A  V  B  D  R  U  F  W  U  L  Đ  N  T
C  D  U  E  H  M  C  Š  D  A  J  Đ  S  T
O  Z  U  M  F  I  E  R  I  H  A  Đ  U  L
M  Đ  V  Đ  A  T  U  E  V  P  C  K  Y  G
B  O  G  O  M  O  L  J  K  A  R  I  N  Đ
```

PČELA	LARVA
ŽOHAR	VILIN KONJIC
BUBA	BOGOMOLJKA
LEPTIR	MOLJAC
CVRČAK	CRV
TERMIT	KOMARAC
MRAV	BUHA
SKAKAVAC	LISNE UŠI
BUBAMARA	OSA

33 - Paisagens

```
L E D E N A O C E A N V L F
D O L I N A P L A Ž A O V Z
T U N D R A F Đ J U Đ D L J
Š P O L U O T O K N J O O E
M P O A Z A Đ J Z Z L P T Z
O J I P U S T I N J A A O E
R A E L M O Č V A R A D K R
E I J F J C N V U L K A N O
Z P J P L A N I N A Z G D T
D A L E D E N J A K O G P S
E K L A K T E I T T E F O V
H C Đ J M A Y J B R D O E Đ
W Đ C W E P Y S H D O S L K
G W D Z E V W Đ P P V I Y V
```

VODOPAD   PLANINA
ŠPILJA   OAZA
BRDO   OCEAN
PUSTINJA   MOČVARA
LEDENJAK   POLUOTOK
ZALJEV   PLAŽA
LEDENA   RIJEKA
OTOK   TUNDRA
JEZERO   DOLINA
MORE   VULKAN

34 - Dança

```
S A V K P O K R E T K V T D
P K M O U M R W T B O I R R
R B O Y M L I W N E R D A Ž
M L R K I I T D V Đ E N D A
T I J E L O A U A J O I I N
C W N B O E M Y R P G A C J
G N P U S B R W A A R K I E
O L A E T L R M D R A A O E
C W A P R O B A O T F D N M
L H Y Z T D L E S N I E A O
O N R N B I I Đ T E J M L C
J M T P G A B N A R A I A I
I Z R A Ž A J A N V V J N J
K L A S I Č N I R U B A K A
```

AKADEMIJA
RADOSTAN
KLASIČNI
KOREOGRAFIJA
TIJELO
KULTURA
EMOCIJA
PROBA
IZRAŽAJAN

MILOST
POKRET
GLAZBA
PARTNER
DRŽANJE
RITAM
SKOK
TRADICIONALAN
VIDNI

35 - Nutrição

```
E  R  U  H  U  C  J  Z  S  B  W  D  G  D
M  V  Y  M  R  Z  M  D  T  B  L  G  Y  I
P  R  O  B  A  V  A  R  G  O  R  A  K  J
K  E  H  P  V  K  U  A  I  K  K  K  P  E
V  N  R  R  N  S  T  V  F  U  I  S  D  T
A  J  A  O  O  A  E  E  H  S  S  Y  I  A
L  E  N  T  T  S  Ž  Z  K  K  Y  M  J  N
I  J  L  E  E  T  I  D  M  U  C  W  V  E
T  E  J  I  Ž  O  N  R  F  Z  Ć  R  T  P
E  S  I  N  E  J  A  A  P  E  T  I  T  G
T  T  V  I  C  R  V  N  P  C  K  N  G
A  I  K  B  A  I  O  L  B  R  I  Z  D  E
N  V  D  A  B  C  F  J  S  C  D  C  R  M
K  O  Đ  N  M  A  F  E  Z  S  Đ  S  W  N
```

GORAK	UMAK
APETIT	HRANLJIV
JESTIVO	TEŽINA
DIJETA	PROTEINI
PROBAVA	KVALITETA
URAVNOTEŽEN	OKUS
VRENJE	ZDRAV
SASTOJCI	ZDRAVLJE
TEKUĆINE	TOKSIN

36 - Disciplinas Científicas

```
B V B A B V A A F V A A M T
P S I H O L O G I J A N E E
A A M P T I S K K G F A T R
N R U W A N O J E E I T E M
E H N B N G C B M O Z O O O
U E O I I V I I I L I M R D
R O L O K I O O J O O I O I
O L O L A S L K A G L J L N
L O G O U T O E O I O A O A
O G I G R I G M K J G I G M
G I J I K K I I H A I V I I
I J A J H A J J J U J C J K
J A C A P S A A Z L A O A A
A S T R O N O M I J A G L R
```

ANATOMIJA	IMUNOLOGIJA
ARHEOLOGIJA	LINGVISTIKA
ASTRONOMIJA	METEOROLOGIJA
BIOLOGIJA	NEUROLOGIJA
BIOKEMIJA	PSIHOLOGIJA
BOTANIKA	KEMIJA
FIZIOLOGIJA	SOCIOLOGIJA
GEOLOGIJA	TERMODINAMIKA

37 - Meditação

```
P  R  I  H  V  A  Ć  A  N  J  E  G  F  I
A  M  T  Đ  Z  M  L  J  A  S  N  O  Ć  A
Ž  E  I  V  A  S  J  B  U  D  A  N  W  A
N  N  Š  M  H  U  U  B  M  Č  P  O  R  J
J  T  I  D  V  O  B  U  R  G  E  T  P  L
A  A  N  T  A  S  A  R  A  N  R  N  I  W
W  L  A  M  L  J  Z  G  K  C  S  P  J  G
N  N  O  O  N  E  N  L  U  E  P  R  S  A
W  O  Y  Z  O  Ć  O  A  E  M  E  I  Đ  J
T  D  R  Z  S  A  S  Z  P  O  K  R  E  T
E  P  F  O  T  N  T  B  K  C  T  O  M  U
D  R  Ž  A  N  J  E  A  J  I  I  D  I  T
S  N  F  Đ  Z  E  P  O  G  J  V  A  R  W
E  Đ  K  M  I  S  L  I  I  E  A  N  Đ  J
```

PRIHVAĆANJE
BUDAN
PAŽNJA
LJUBAZNOST
JASNOĆA
SUOSJEĆANJE
EMOCIJE
UČENJA
ZAHVALNOST
MENTALNO

UM
POKRET
GLAZBA
PRIRODA
MIR
MISLI
PERSPEKTIVA
DRŽANJE
TIŠINA

38 - Gatos

```
S  T  I  D  L  J  I  V  S  L  R  N  K  D
Y  B  K  K  D  S  J  U  D  C  S  E  A  I
E  K  Y  U  U  E  Z  Š  O  Y  T  Z  N  V
D  Y  R  A  Z  I  G  R  A  N  D  A  D  L
N  P  M  F  V  Y  S  L  A  P  A  V  Ž  J
S  M  I  J  E  Š  N  O  P  W  A  I  A  I
O  B  Š  O  N  A  G  V  R  N  B  S  Z  G
Z  S  K  R  Z  N  O  A  E  E  F  N  F  U
H  Z  O  L  Z  D  G  C  Đ  K  P  A  G  S
M  B  R  B  C  S  L  S  A  H  M  C  S  B
B  F  B  Z  N  A  T  I  Ž  E  L  J  A  N
Z  Đ  B  F  N  O  E  W  L  U  D  S  Y  J
B  Y  L  O  G  P  S  W  M  O  W  D  G  Z
S  P  A  V  A  T  I  T  Đ  W  J  H  P  C
```

RAZIGRAN	NEZAVISNA
LOVAC	LUD
REP	MIŠ
ZNATIŽELJAN	ŠAPA
SPAVATI	KRZNO
SMIJEŠNO	OSOBNOST
PREĐA	DIVLJI
KANDŽA	STIDLJIV

39 - Artes Visuais

```
N  K  P  Z  T  O  M  A  T  R  I  C  A  D
P  R  F  P  G  L  I  N  A  U  M  V  F  O
O  E  P  Z  S  O  U  M  J  E  T  N  I  K
C  A  R  U  E  V  A  B  G  K  F  O  L  F
A  T  K  S  L  K  L  M  H  U  R  N  M  V
B  I  B  L  P  A  C  O  M  G  Z  B  F  S
P  V  K  I  P  E  U  G  L  J  E  N  W  S
V  N  V  K  I  O  K  E  R  A  M  I  K  A
G  O  F  A  S  E  R  T  K  V  F  K  S  S
E  S  S  R  D  D  U  T  I  N  Y  R  T  T
M  T  J  A  C  V  L  U  R  V  M  E  A  A
W  N  D  W  K  C  E  Y  W  E  A  D  L  V
S  S  K  U  L  P  T  U  R  A  T  A  A  W
R  E  M  E  K  D  J  E  L  O  T  P  K  J
```

GLINA   MATRICA
UMJETNIK   FILM
UGLJEN   KREDA
STALAK   OLOVKA
VOSAK   REMEK-DJELO
KERAMIKA   PERSPEKTIVA
SASTAV   SLIKA
KREATIVNOST   PORTRET
SKULPTURA

40 - Instrumentos Musicais

```
M Y O R K L A R I N E T V Y
A P P B Y P Z T O Y B V C O
N T I I O M M T R U B A J A
D Y G I T A R A G O N G Y N
O P V S T B H M R V M V D A
L F L A U T A B W I D B P C
I A B K E Y R U L O M U O O
N G E S T U M R O L J B W N
A O N O W B O A V I J A A V
N T D F P C N Š F N L N S Y
J Y Ž O G V I K O A J J N K
N K O N Đ U K I Y H A R F A
U I L C K L A V I R O F Z E
U D A R A L J K E A S H Y D
```

MANDOLINA	TAMBURAŠKI
BENDŽO	UDARALJKE
KLARINET	KLAVIR
FAGOT	SAKSOFON
FLAUTA	BUBANJ
HARMONIKA	TROMBON
GONG	TRUBA
HARFA	GITARA
MARIMBA	VIOLINA
OBOA	

41 - Escola #1

```
U M A P E W L N K P K V Đ U
Č F O B Y E J R N R N T Y Č
I P H M E F U G J I J J B I
T N I A R C F Y I J I S O T
E F T U U Y E S G A Ž H D I
L E R F Č C W D E T N S G S
J W I D A S G N A E I T O P
O L O V K E T V Z L C O V I
L Y T H V T U O I J A L O T
O P A P I R U K L I Z I R I
V N Z R Z N E Đ R L C C I F
K M A T E M A T I K A A E T
A S J Y I B R O J E V I J Z
C J H Đ A Y O F C J L S G N
```

ABECEDA
RUČAK
PRIJATELJI
UČITI
KNJIŽNICA
STOLICA
OLOVKE
ISPITI
OLOVKA

KNJIGE
MATEMATIKA
STOL
BROJEVI
PAPIR
MAPE
UČITELJ
KVIZ
ODGOVORI

42 - Adjetivos #2

```
C  P  I  U  V  K  T  Y  V  F  E  D  W  N
J  R  M  N  D  A  R  O  V  I  T  I  F  O
P  O  Z  N  A  T  I  E  J  F  L  V  K  R
N  D  A  O  U  V  P  U  A  E  B  L  Đ  M
A  U  N  D  T  C  V  O  K  T  V  J  Z  A
M  K  I  G  E  Z  L  L  N  C  I  I  L  L
P  T  M  O  N  D  A  C  B  O  F  V  F  A
R  I  L  V  T  R  Č  I  S  T  S  D  N  N
I  V  J  O  I  A  K  E  S  N  H  A  Z  I
R  N  I  R  Č  V  Y  O  L  U  A  K  N  T
O  I  V  A  N  G  B  U  A  K  H  U  B  S
D  N  U  N  O  V  O  M  N  W  H  O  J  M
N  Đ  P  L  Z  V  V  R  U  Ć  E  C  I  C
O  O  P  I  S  N  I  M  B  T  O  O  Z  I
```

AUTENTIČNO	PONOSAN
KREATIVNI	PRODUKTIVNI
OPISNI	ČIST
DAROVIT	VRUĆE
POZNATI	ODGOVORAN
JAK	SLAN
ZANIMLJIV	ZDRAV
PRIRODNO	SUHO
NORMALAN	DIVLJI
NOVO	

43 - Roupas

```
P O C U U T K N Đ Đ P P P O
S I Đ I D Y O H D O P Z O G
A C D N P Z Š E Š I R S J R
N G J Ž K E U P L S R U A L
D V P D A Y L Č R O Z K S I
A L K L P M J A U E F N S C
L H B L U Z A R K P G J P A
E Đ L U T N A A H L A Č E
D Ž E M P E R P V A G D Č J
M F O O P A H E I L H W L A
H V J D F A E N C J R I V K
K W O A Y Y L P E I E S I N
N A R U K V I C A N H N P A
T R A P E R I C E A F U C F
```

PREGAČA	RUKAVICE
BLUZA	ČARAPE
HLAČE	MODA
KOŠULJA	PIDŽAMA
KAPUT	NARUKVICA
ŠEŠIR	SUKNJA
POJAS	SANDALE
OGRLICA	CIPELA
JAKNA	DŽEMPER
TRAPERICE	HALJINA

44 - Herbalismo

```
A T H B C M S O P B Z E S D
D R R C Z K Š A F R A N W R
Č B I L J K A C S D N M V A
E O K U S O M M V T Đ V S G
Š S K Đ G R A J D I O I H U
N I O T A I Ž L I H J J M L
J L M I N J U U A W F E A J
A J O M M A R N A V I M T K
K A R I V N A R I R A K Z B
I K A J Y D N G D T Đ N J D
D A Č A P E U Z E L E N D T
K M J N D R U Ž M A R I N A
P E R Š I N K O R I S N O S
G E B O A R O M A T S K I Y
```

ŠAFRAN
RUŽMARIN
ČEŠNJAK
AROMATSKI
KORISNO
KORIJANDER
DRAGULJ
CVIJET
KOMORAČ
SASTOJAK

VRT
LAVANDA
BOSILJAK
MAŽURAN
BILJKA
OKUS
PERŠIN
TIMIJAN
ZELEN

45 - Frutas

```
A  L  S  M  O  K  V  A  H  K  U  P  E  I
V  I  P  N  G  B  I  A  B  O  B  I  C  A
O  M  G  T  A  G  F  V  L  K  K  I  V  I
K  U  R  U  B  E  K  P  W  O  W  Z  R  R
A  N  O  J  A  B  U  K  A  S  Đ  L  V  W
D  V  Ž  K  N  V  O  K  U  P  I  N  A  T
O  P  Đ  H  A  M  A  N  G  O  A  H  Z  W
Đ  F  E  U  N  K  R  U  Š  K  A  J  N  Đ
M  G  I  Đ  A  D  B  R  E  S  K  V  A  A
M  A  R  E  L  I  C  A  H  F  P  T  R  N
E  A  L  G  Y  F  Đ  K  P  W  G  L  A  A
N  S  R  I  E  C  Đ  Z  V  H  Y  N  N  N
D  U  S  K  N  S  G  E  U  K  C  U  Č  A
H  D  A  D  I  A  T  R  E  Š  N  J  A  S
```

AVOKADO	GUAVA
ANANAS	KIVI
KUPINA	NARANČA
BOBICA	LIMUN
BANANA	JABUKA
TREŠNJA	PAPAJA
KOKOS	MANGO
MARELICA	KRUŠKA
SMOKVA	BRESKVA
MALINA	GROŽĐE

46 - Corpo Humano

```
R W I L A K A T D A R A M E
U V L P R M O R M Č W K Z E
K L D D D F L Ž V E Đ N E N
A V L I N V M E A L B D I O
A Y R N F H C H L O L Z G G
J N E A Č F H Đ K R V C T A
W L U O T E U S T A R B G K
J I O K O G L E Ž A N J N O
A Đ H O W Z P J E M W H U L
M Đ Y L I B R G U K M G B J
O P R G J R S Z H S R C E E
Z B O Z H A T N O S T V N N
A P F M L D G L A V A C U O
K N S U V A J Y K S A L V T
```

USTA	OKO
GLAVA	RAME
MOZAK	UHO
SRCE	KOŽA
LAKAT	NOGA
PRST	VRAT
KOLJENO	BRADA
ČELJUST	KRV
RUKA	ČELO
NOS	GLEŽANJ

47 - Restaurante #1

```
Z D J E L A U D D D A G A A
Z V N E Đ Z O A E K F Z P L
S A S T O J C I S L R S P E
U B R U S I A M E S O U E R
P I L E T I N A R L C C H G
A C A I Z E O R T B G Y D I
K O J J Z E Ž A K A N T C J
U O L D B U R U M A K A V A
T A N J U R N V N M D T Z J
N V K I B L A G A J N I K E
I K U H I N J A U C I Z A S
K O N O B A R I C A I F K T
P T O J E L O V N I K J M I
J O Đ H O M I H P Z G S A V
```

ALERGIJA
KAVA
BLAGAJNIK
MESO
JESTI
KUHINJA
NOŽ
PILETINA
KONOBARICA
UBRUS

SASTOJCI
JELOVNIK
UMAK
KRUH
AKUTNI
TANJUR
REZERVACIJA
DESERT
ZDJELA

48 - Caminhada

```
Đ  Č  H  S  I  S  P  V  K  H  P  Ž  O
P  K  U  I  E  M  U  R  T  A  V  R  I  R
O  A  Y  L  Z  E  N  I  E  R  O  I  V  I
R  M  R  V  Z  M  C  R  Š  T  D  P  O  J
G  P  L  K  R  D  E  O  K  A  I  R  T  E
O  I  W  H  O  J  R  D  A  Y  Č  E  I  N
U  R  A  D  R  V  K  A  E  F  I  M  N  T
M  A  S  L  Y  T  I  K  L  I  M  A  J  A
O  N  P  L  A  N  I  N  A  C  Z  L  E  C
R  J  S  K  A  M  E  N  J  E  J  D  B  I
N  E  L  I  T  I  C  A  V  I  J  Y  H  J
I  C  F  F  O  P  A  S  N  O  S  T  I  A
D  I  V  L  J  I  F  R  D  E  D  D  L  Y
V  R  I  J  E  M  E  H  Z  N  H  A  I  K
```

KAMPIRANJE	ORIJENTACIJA
ŽIVOTINJE	PARKOVI
VODA	KAMENJE
ČIZME	LITICA
UMORNI	OPASNOSTI
KLIMA	TEŠKA
VODIČI	PRIPREMA
KARTA	DIVLJI
PLANINA	SUNCE
PRIRODA	VRIJEME

49 - Água

```
V T P R B B R I N Đ M R A Z
I L K C A A I O A T O W W V
S E A P J T J S V V N O J Z
P D N Ž D D E G O V S S J L
A Y A E N K K Y D F U K T Y
R B L T K O A Đ N U N W U K
A J R Z Y C S E J E Z E R O
V P W K F E N T A K I Š A G
A A O N E A I D V T G Z G E
N R C P W N J Y A G U R A J
J A J A L Z E A N Y N Š N Z
E I S J L A G N J T P F U I
V A L O V I V G E V N R S R
Y D Đ U C J K A R M I L I J
```

KANAL	NAVODNJAVANJE
KIŠA	JEZERO
TUŠ	MONSUN
ISPARAVANJE	SNIJEG
URAGAN	OCEAN
MRAZ	VALOVI
LED	RIJEKA
GEJZIR	VLAŽNOST
POPLAVA	PARA

50 - Sons

```
E  V  C  G  J  O  R  Y  Z  T  H  V  J  R
P  A  K  L  T  H  N  G  H  A  W  B  E  E
L  O  R  A  A  J  K  R  F  L  N  U  P  Z
V  P  V  S  Š  A  P  A  T  H  J  H  V  O
O  L  K  N  Z  A  U  Y  D  K  C  H  I  N
W  J  M  O  Z  G  L  A  S  O  V  I  B  A
J  E  K  A  D  B  D  J  W  N  Y  D  R  N
E  S  S  Z  Z  V  O  N  O  C  N  C  A  T
C  K  P  B  B  B  D  F  I  E  S  L  C  N
A  A  N  L  G  O  U  W  G  R  M  P  I  O
J  T  V  Y  U  C  R  Č  U  T  I  Z  J  L
G  I  L  Z  V  I  Ž  D  A  L  J  K  A  N
B  F  D  A  K  S  I  R  E  N  E  B  C  R
B  Đ  G  L  J  F  P  A  D  P  H  R  O  N
```

GLASNO
ZVIŽDALJKA
PLJESKATI
KONCERT
ZBOR
JEKA
JECAJ
REZONANTNO

SMIJEH
BUČAN
ZVONO
SIRENE
ŠAPAT
KAŠALJ
VIBRACIJA
GLASOVI

51 - Ecologia

```
O P S T A N A K B Z R G G R
L D J B Đ B I L J E E I L A
S Z A J E D N I C E S F O Z
F T S T Y B R M A S U L B N
I F G M O G S A F R R O A O
T V V P D S U Š A E S R L L
P O M O R S K I U P I A N I
R M A J Ž I Z F N L W B O K
I C O Y I C R J A A N A O O
R V G Č V G K O P N U I H S
O T D S V L Đ P D I Y S N T
D M M F D A S T A N I Š T E
A V R S T A R S N E O P L I
R D V E G E T A C I J A J I
```

KLIMA
ZAJEDNICE
RAZNOLIKOST
VRSTA
FAUNA
FLORA
GLOBALNO
STANIŠTE
POMORSKI
PLANINE

PRIRODNO
PRIRODA
MOČVARA
BILJE
RESURSI
SUŠA
OPSTANAK
ODRŽIV
VEGETACIJA

52 - Família

```
D J E C A N Đ B I R M K P Đ
I L P L Đ B E Z M Y S E O H
J C H U E B Đ Ć U J A K Y B
E K S U P R U G A M A J K A
T Ć J Y V A R F M K U Y C U
E I R Z S T K G S F I Ž W N
I K Y B E E R O Đ A K N H U
O Č I N S K I T Y E A M J K
T M J T T Z D A E E P B N A
Đ Đ R W R C B C L T C Đ E B
O O C M A J Č I N S K I Ć A
D J E T I N J S T V O A A K
Y T W F P R E D A K F E K A
P J F E J I T G Y B U F T B
```

PREDAK	MAJČINSKI
BAKA	MAJKA
DIJETE	UNUK
DJECA	OTAC
SUPRUGA	OČINSKI
KĆI	ROĐAK
DJETINJSTVO	NEĆAKINJA
SESTRA	NEĆAK
BRAT	TETKA
MUŽ	UJAK

53 - Férias #2

```
P  L  A  Ž  A  T  J  S  T  R  A  N  A  C
R  E  S  T  O  R  A  N  O  T  O  K  B  S
I  F  Š  K  B  Y  E  K  C  D  K  Y  B  P
J  O  Z  A  Đ  A  O  F  S  K  M  F  N  U
E  T  R  M  T  K  F  H  D  I  L  O  J  T
V  O  A  P  H  O  T  E  L  L  W  A  R  O
O  G  Č  I  O  D  R  E  D  I  Š  T  E  V
Z  R  N  R  K  P  U  T  O  V  N  I  C  A
G  A  A  A  A  P  L  A  N  I  N  E  C  N
V  F  L  N  R  M  O  R  E  Z  F  A  E  J
R  I  U  J  T  G  Đ  A  S  A  Z  U  U  E
R  J  K  E  A  A  I  D  D  B  V  E  Đ  W
U  E  A  R  E  Z  E  R  V  A  C  I  J  E
U  M  Đ  J  C  T  F  L  W  Đ  A  Đ  S  E
```

KAMPIRANJE	PLANINE
ZRAČNA LUKA	PUTOVNICA
ODREDIŠTE	PLAŽA
STRANAC	REZERVACIJE
ODMOR	RESTORAN
FOTOGRAFIJE	TAKSI
HOTEL	ŠATOR
OTOK	PRIJEVOZ
KARTA	PUTOVANJE
MORE	VIZA

54 - Edifícios

```
S L S K I S N Z S B U S L V
A S U T A Y C D D D I T A F
Z V P T A B G U T V K A B G
V E E W Đ D I P O O A J O M
J U R B P Z I N R R Z A R Y
E Č M U Z E J O A A A M A Z
Z I A S T A N J N C L S T S
D L R M V E H V J K I N O H
A I K F O Š K O L A Š R R O
R Š E A R Š A T O R T E I T
N T T R N J N Đ N B E L J E
I E I M I B O L N I C A P L
C Đ A A C G A R A Ž A H W T
A P Y P A F U Y F P L B R R
```

STAN	BOLNICA
KABINA	HOTEL
DVORAC	LABORATORIJ
STAJA	MUZEJ
KINO	ZVJEZDARNICA
ŠKOLA	SUPERMARKET
STADION	KAZALIŠTE
FARMA	ŠATOR
TVORNICA	TORANJ
GARAŽA	SVEUČILIŠTE

55 - Praia

```
R  A  U  Z  G  Č  N  J  B  W  A  L  G  P
O  A  Đ  W  S  A  N  D  A  L  E  A  E  I
B  A  Z  I  U  M  M  O  R  E  J  G  A  J
A  O  J  N  A  A  P  L  A  V  A  U  R  E
L  W  E  H  R  C  J  L  K  M  A  N  U  S
A  R  D  D  E  Y  G  A  O  F  U  A  K  A
G  A  R  P  O  P  S  Y  J  H  T  R  I  K
P  R  I  S  T  A  N  I  Š  T  E  F  Š  K
S  U  L  U  O  V  H  U  S  F  R  A  O  G
T  Č  I  N  K  C  P  D  L  O  E  O  B  R
Y  N  C  C  K  I  E  I  E  U  N  G  R  E
N  I  A  E  D  K  G  A  H  Y  G  E  A  B
W  K  M  Z  I  E  D  V  N  S  M  C  N  E
D  F  O  M  U  T  H  F  J  U  W  S  V  N
```

PIJESAK	LAGUNA
PLAVA	MORE
ČAMAC	OCEAN
RAK	GREBEN
OBALA	SANDALE
PRISTANIŠTE	SUNCE
KIŠOBRAN	RUČNIK
OTOK	JEDRILICA

56 - Xadrez

```
J  H  E  Y  V  E  G  S  P  I  P  L  A  Y
L  Đ  Z  B  I  U  H  U  F  O  R  Z  D  P
M  I  O  U  H  T  V  P  K  N  V  D  U  E
B  I  J  E  L  I  S  K  R  B  A  Z  Č  D
D  C  K  R  A  L  J  I  C  A  K  U  I  S
J  E  G  E  Ž  R  T  V  O  V  A  T  I
O  P  I  G  R  A  Č  E  H  G  U  I  I  G
N  A  T  J  E  C  A  N  J  E  L  Z  L  R
M  S  O  H  V  R  I  J  E  M  E  V  E  A
A  I  Č  L  I  Z  A  Z  O  V  I  S  E  K
C  V  K  S  T  R  A  T  E  G  I  J  A  R
W  N  E  D  I  J  A  G  O  N  A  L  A  A
M  O  P  R  O  T  I  V  N  I  K  N  N  L
O  K  N  C  R  N  A  T  U  R  N  I  R  J
```

UČITI	PASIVNO
BIJELI	TOČKE
PRVAK	CRNA
NATJECANJE	KRALJICA
IZAZOVI	PRAVILA
DIJAGONALA	KRALJ
STRATEGIJA	ŽRTVOVATI
IGRAČ	VRIJEME
IGRA	TURNIR
PROTIVNIK	

57 - Aventura

```
N E O B I Č N O M B T R J J
A O J F Đ T E Š K O Ć A H D
G D V I T I N E R A R D O E
M Z I O F O S P R I R O D A
E N T U Z I J A Z A M S R I
L P T U R Y A M R Đ K T E Z
J R O H R A B R O S T S D A
E I P R I P R E M A J J I Z
P L A H B A C R C O T W Š O
O I S I G U R N O S T R T V
T K N A V I G A C I J A E I
A A O P R I J A T E L J I C
D D W J E K N O I Z L E T M
A K T I V N O S T P C V L T
```

RADOST
PRIJATELJI
AKTIVNOST
LJEPOTA
HRABROST
PRILIKA
IZAZOVI
ODREDIŠTE
TEŠKOĆA
ENTUZIJAZAM

IZLET
NEOBIČNO
ITINERAR
PRIRODA
NAVIGACIJA
NOVO
OPASNO
PRIPREMA
SIGURNOST

58 - Surf

```
K N M S C P D H I G O E P V
O M F P R V A K M M A Z L R
I H I O O S N G U Ž V E A I
Z Đ E R N P T E A E N O Ž J
R T B T S J U I G H G N A E
L U P A V E N L L T T G Y M
M M T Š S N A G A G O Z R E
Ž E L U D A C Z B R Z I N A
C E J P I V U G R E A V A K
O C E A N V U R F B E N A P
P O Č E T N I K B E B K U L
A E U P L K R A J N O S T E
F V T Y F D U J T P O T R Y
Z U V K W C L G H F Z V M Y
```

SPORTAŠ   OCEAN
PRVAK   VAL
PJENA   POPULARAN
STIL   PLAŽA
ŽELUDAC   POČETNIK
KRAJNOST   BRZINA
SNAGA   GREBEN
GUŽVE   VRIJEME

59 - Floresta Tropical

```
J W B I G M A P D O E T V S
V R S T A A U T Ž P N L O I
B A K K V H T I U S G Z D S
L Z P J R O O C N T Đ E O A
B N O S I V H E G A U E Z V
K O Š W J I T W L N Z R E C
L L T Y E N O N A A P T M I
I I O U D A N T A K U K C I
M K V B A P O O B L A C I U
A O A K N B O T A N I Č K I
W S N U T O Č I Š T E O P B
N T J W R O V P R I R O D A
E Đ E O Č U V A N J E Z H G
J Z A J E D N I C A M E E M
```

VODOZEMCI
BOTANIČKI
KLIMA
ZAJEDNICA
RAZNOLIKOST
VRSTA
AUTOHTONO
KUKCI
SISAVCI
MAHOVINA

PRIRODA
OBLACI
PTICE
OČUVANJE
UTOČIŠTE
POŠTOVANJE
OBNOVA
DŽUNGLA
OPSTANAK
VRIJEDAN

60 - Cidade

```
H H T D U J J S Š B A F A G
B G N R L S Y A K U A L J Y
U F I O Ž K M L O Z G N V F
B S Đ L H I K O L O Z L K L
N U C P K H Š N A O R J W A
P P R V N O B T V L A E M G
K E E Đ J T J A E O Č K S A
N R S U I E J R G Š N A T L
J M T H Ž L Ć P E K A R A E
I A O M N Y Đ A V I L N D R
Ž R R U I G A T R V U A I I
A K A Z C F P Z I R K H O J
R E N E A C Y J Z T A Y N A
A T H J K I N O I A K G C N
```

ZRAČNA LUKA HOTEL
BANKA ZOOLOŠKI VRT
KNJIŽNICA KNJIŽARA
KINO TRŽIŠTE
ŠKOLA MUZEJ
STADION PEKARA
LJEKARNA RESTORAN
CVJEĆAR SALON
GALERIJA SUPERMARKET

61 - Matemática

```
G E O M E T R I J A A S L S
J D P E R I M E T A R I O T
D E C I M A L A J M I M G R
F R A K C I J A R P T E P O
E K S P O N E N T O M T R K
P A R A L E L N O L E R A U
J E D N A D Ž B A I T I V T
R K O M J Y D P O G I J O S
L A U P L E M R K O K A K U
T T D T S J B O O N A E U M
Đ B D I O E P M M F Y M T A
E Y D H J V G J I K U Y N K
M U M L B U I E C W C A I W
D H I Z O H S R A J C U K K
```

ARITMETIKA   PARALELNO
KUTOVI   PERIMETAR
OPSEG   OKOMICA
DECIMALA   POLIGON
PROMJER   RADIJUS
JEDNADŽBA   PRAVOKUTNIK
EKSPONENT   SIMETRIJA
FRAKCIJA   SUMA
GEOMETRIJA   TROKUT

62 - Natureza

```
L E D E N J A K I P K D N W
I H S G E Ž I V O T I N J E
Š A R K T I K C Š Đ U D B T
Ć B B U Đ S P S E U S I I R
E W R D M F P Č W J M N T T
D I V L J I M O E V S A A R
H R V J G M A B K L U M N O
Y N N E V G G L E O E I M P
Y O A P F Y L A R I J Č I S
E K D O S P A C O L N A R K
F R G T Y C O I Z Đ C N N I
J N A A S V E T I Š T E O E
G E P U S T I N J A N Z U D
R I J E K A T S A D J D R Y
```

PČELE	MAGLA
ŽIVOTINJE	OBLACI
ARKTIK	MIRNO
LJEPOTA	RIJEKA
PUSTINJA	SVETIŠTE
DINAMIČAN	DIVLJI
EROZIJA	SPOKOJAN
ŠUMA	TROPSKI
LIŠĆE	BITAN
LEDENJAK	

63 - Animais de Estimação

```
E  P  U  Y  U  B  I  G  P  M  E  G  Z  Z
I  P  R  L  W  Y  W  K  V  O  D  A  E  G
W  R  Z  G  F  I  P  R  I  B  A  U  C  L
M  A  Č  E  K  O  Z  A  U  D  Y  C  S  U
A  C  B  K  O  O  Đ  V  P  A  P  I  G  A
Č  G  E  A  R  F  K  A  Đ  I  W  V  U  F
K  J  S  N  N  T  Z  Z  Ł  L  Y  K  Š  P
A  T  R  D  J  U  C  U  L  H  C  G  T  C
H  G  L  Ž  A  A  D  T  S  R  T  O  E  P
M  I  Š  E  Č  P  C  J  Z  Č  W  F  R  R
M  O  T  D  A  A  W  N  S  A  Z  H  U  E
I  V  E  J  C  S  D  Đ  E  K  K  E  T  P
P  T  N  C  S  O  V  R  A  T  N  I  K  R
G  V  E  T  E  R  I  N  A  R  R  J  S  L
```

VODA	MAČKA
KOZA	HRČAK
ŠTENE	GUŠTER
REP	MIŠ
PAS	PAPIGA
ZEC	RIBA
OVRATNIK	KORNJAČA
KANDŽE	KRAVA
MAČE	VETERINAR

64 - Escalada

```
Z U P M T D C V C C B Y K S
N J J L A M R S Z V P V A T
A S E E J V V O D I Č I C A
T U Š N O F I Z I Č K I I B
I Z A Z O V I S G P T S G I
Ž I Č T Z H E U I P P T A L
E T E E M R Đ O Đ N U R Y N
L I N R G O Y G Z I A U Š O
J L J E C Y S V Y V D Č P S
A L E N R C A F M T C N I T
R U K A V I C E E K J J L T
T A K V T V L K A R T A J R
Č I Z M E I R Y N Z A K A V
C S N A G A F K D Z R W U D
```

VISINA
ATMOSFERA
ČIZME
PJEŠAČENJE
KACIGA
ŠPILJA
ZNATIŽELJA
IZAZOVI
STRUČNJAK

STABILNOST
SUZITI
FIZIČKI
SNAGA
VODIČI
RUKAVICE
KARTA
TEREN

65 - Aviões

```
L A V I O Y V I S I N A S N
V V N Z W B I O B S Z A M A
A K U G P D Z O D L R T J P
P S Y R M N P V J I A M E U
O U S A A T E H U J K O R H
S M T D A R G B G E P S I A
A V A N T U R A O T I F U T
D D T J I G Đ L R A L E W I
A Z D A C K J O I N O R J K
Y M H V H Z C N V J T A L K
P O V I J E S T O E N D Y H
F T S I L A Z A K I T P I N
T O T U R B U L E N C I J A
V R I J E M E T P W Y Z L I
```

VISINA
ZRAK
SLIJETANJE
ATMOSFERA
AVANTURA
BALON
NEBO
GORIVO
IZGRADNJA
SILAZAK

SMJER
VODIK
POVIJEST
NAPUHATI
MOTOR
PUTNIK
PILOT
VRIJEME
POSADA
TURBULENCIJA

66 - Tipos de Cabelo

```
J  Z  L  K  A  I  J  Đ  S  O  K  V  U  H
R  T  Y  O  G  Đ  Ć  D  E  B  E  O  E  K
M  Y  C  V  T  F  E  Z  U  V  B  F  D  D
P  Z  D  R  A  V  L  C  N  G  P  S  T  I
S  L  V  Č  N  B  A  K  Đ  S  O  J  V  V
R  L  E  E  A  A  V  K  R  A  T  A  K  A
E  S  V  T  K  F  N  H  H  H  M  J  K  L
B  U  S  M  E  K  A  N  J  R  G  A  O  O
R  H  M  F  O  N  I  Z  J  A  H  N  V  V
O  O  E  C  P  L  A  V  U  Š  A  G  R  I
U  O  Đ  B  I  J  E  L  I  D  R  H  Č  T
P  L  E  T  E  N  I  C  E  U  D  D  A  A
N  B  W  Z  G  M  E  V  S  I  V  A  V  S
J  Đ  M  F  P  N  N  N  B  T  Y  R  A  Z
```

BIJELI	DUGO
SJAJAN	SMEĐ
KOVRČE	VALOVITA
ĆELAV	SREBRO
SIVA	CRNA
KRATAK	ZDRAV
KOVRČAVA	SUHO
TANAK	MEKAN
DEBEO	PLETENA
PLAVUŠA	PLETENICE

67 - Formas

```
K  P  S  J  C  I  Đ  T  B  I  U  K  K  L
V  R  D  K  R  I  V  U  L  J  A  G  U  O
A  I  D  K  R  J  L  K  O  C  K  A  C  T
D  Z  T  V  E  F  G  I  I  W  J  F  H  R
R  M  F  J  S  T  R  A  N  A  O  S  W  O
A  A  A  P  Y  C  I  K  P  D  V  Y  G  K
T  R  H  I  P  E  R  B  O  L  A  K  T  U
S  F  E  R  A  L  Đ  Z  L  U  L  R  Z  T
A  R  V  A  T  I  G  R  I  K  A  U  S  U
C  K  H  M  I  P  G  H  G  A  N  G  Y  D
C  R  M  I  K  S  G  K  O  N  U  S  S  F
G  O  T  D  H  A  W  M  N  J  O  F  K  L
Y  P  R  A  V  O  K  U  T  N  I  K  C  T
E  O  L  N  O  I  B  C  N  C  O  S  K  A
```

LUK	STRANA
KUT	CRTA
CILINDAR	OVALAN
KRUG	PIRAMIDA
KONUS	POLIGON
KOCKA	PRIZMA
KRIVULJA	KVADRAT
ELIPSA	PRAVOKUTNIK
SFERA	TROKUT
HIPERBOLA	

68 - Dias e Meses

```
S  U  B  O  T  A  G  Z  M  D  D  B  G  F
Č  P  Đ  W  V  G  O  R  U  J  A  N  R  T
E  R  P  U  T  O  R  A  K  V  E  U  R  N
T  O  S  T  U  D  E  N  I  W  K  S  D  V
V  S  K  J  M  I  P  E  T  A  K  K  E  Đ
R  I  O  E  K  N  E  D  J  E  L  J  A  C
T  N  L  D  D  A  O  K  Z  B  I  J  T  S
A  A  O  A  A  M  L  E  V  V  P  N  R  I
K  C  V  N  E  C  V  E  L  J  A  Č  A  J
M  U  O  T  D  F  E  W  N  M  N  O  V  E
K  U  Z  B  Đ  C  A  M  R  D  J  P  A  Č
S  R  P  A  N  J  G  Z  Đ  M  A  D  N  A
P  O  N  E  D  J  E  L  J  A  K  R  J  N
V  L  I  S  T  O  P  A  D  R  F  O  K  J
```

TRAVANJ	MJESEC
KOLOVOZ	STUDENI
GODINA	LISTOPAD
KALENDAR	ČETVRTAK
PROSINAC	SUBOTA
NEDJELJA	PONEDJELJAK
VELJAČA	TJEDAN
SIJEČANJ	RUJAN
SRPANJ	PETAK
LIPANJ	UTORAK

69 - Geografia

```
W N J S O V B M Z H P C S W
E J U V M E O O E E O N R M
R E G I J A T R M M D K S E
K H I J W E O E L I R I D R
V O Z E Š Y K V J S U D W I
I C N T I Đ F E A F Č K Z D
S E B T R C R Đ F E J P B I
I A W R I J E K A R E D D J
N N A K N N Z P L A N I N A
A T F T A U E A M Đ R J R N
Đ I E T L S J N P O Y G Đ W
P N A R L A W P T A Y R V L
S J E V E R S R L Y D A H J
L G S R K A R T A S A D E O
```

VISINA   PLANINA
ATLAS   SVIJET
GRAD   SJEVER
KONTINENT   OCEAN
HEMISFERA   ZAPAD
OTOK   ZEMLJA
ŠIRINA   REGIJA
KARTA   RIJEKA
MORE   JUG
MERIDIJAN   PODRUČJE

70 - Antártica

```
M P T L D L E D E N J A C I
I O Y E E L K W V K Đ R E V
N L Y E M D S S F W Z N P L
E U J M L P P D O Y G P I F
R O Z A N J E M H K U B N T
A T W C W A D R P H O E G A
L O D T F N I V A H N L V I
I K O M R L C A O T O C I A
I S T R A Ž I V A Č U Y N Š
U V A L A L J O E M C R I V
Z A L J E V A D A C I Z A U
K O N Z E R V A C I J A G A
K O N T I N E N T Đ S L T B
M I G R A C I J A T G S E F
```

OKOLIŠ
VODA
ZALJEV
KONZERVACIJA
KONTINENT
UVALA
EKSPEDICIJA
LEDENJACI

LED
OTOCI
ISTRAŽIVAČ
MIGRACIJA
MINERALI
POLUOTOK
PINGVINI
TEMPERATURA

71 - Flores

```
T C B V T J S M A K M C T J
D R U Ž A A P A H Z A D U L
S J K G G S K S W O G B L A
U T E B D M Đ L A N N O I V
N P T T V I I A B E O C P A
C L G R E N S Č O O L C A N
O U A A E L H A Ž R I I N D
K M R T N J I K U H J F L A
R E D I W I B N R I A B O A
E R E N K L I A A D Đ S W E
T I N Č Y J S R K E E D A U
M J I I B A K C V J S W R M
Y A J C K N U I L A T I C A
D Đ A A Đ I S S M G K Y O J
```

BUKET	TRATINČICA
MASLAČAK	NARCIS
GARDENIJA	ORHIDEJA
SUNCOKRET	MAK
HIBISKUS	BOŽUR
JASMIN	LATICA
LAVANDA	PLUMERIJA
LILA	RUŽA
LJILJAN	DJETELINA
MAGNOLIJA	TULIPAN

72 - Fazenda #1

```
P  O  L  J  O  P  R  I  V  R  E  D  A  H
A  D  F  G  T  U  C  D  H  A  J  C  P  N
S  L  P  J  R  Y  E  N  I  E  T  I  I  U
W  S  S  C  I  N  Y  S  B  G  T  E  L  E
O  G  N  O  J  I  V  O  T  M  M  F  E  P
G  G  Y  Y  Z  M  V  O  D  A  U  L  T  O
K  K  R  Đ  D  A  W  W  F  G  D  A  I  L
O  R  K  A  P  Č  E  L  A  A  S  O  N  J
Z  A  Z  W  D  K  S  Đ  E  R  I  Ž  A  E
A  V  O  K  M  A  V  B  L  A  J  H  I  M
E  A  B  H  F  H  I  K  J  C  E  S  L  E
O  D  C  V  R  A  N  A  O  J  N  Y  U  D
J  B  L  J  N  C  J  N  O  N  O  O  I  V
S  E  O  B  A  V  A  K  I  C  J  O  N  U
```

PČELA	OGRADA
POLJOPRIVREDA	VRANA
RIŽA	SIJENO
VODA	GNOJIVO
TELE	PILETINA
MAGARAC	MAČKA
KOZA	MED
POLJE	SVINJA
KONJ	STADO
PAS	KRAVA

73 - Livros

```
P G M P R E L E V A N T A N
I O D F R P O E Z I J A U L
C E V Z B I R K A P U W T I
E N B I J S P K T V R Z O T
S E R I J A N O Y K V I R E
T D P O C E N M V Y D Đ Č R
R U Y E Y R S F P J M O T A
A A R O M A N N W E E D I R
N L M R B J O A I T E D K N
I N Č I T A Č P G U K S A I
C O R Y C U J I E E T K B Č
A S Z L A G F S P J E S M A
U T W D S A V A N T U R A J
P A A I N V E N T I V N I C
```

AUTOR
AVANTURA
ZBIRKA
DUALNOST
NAPISAN
EP
PRIČA
POVIJESNI
INVENTIVNI

ČITAČ
LITERARNI
PRIPOVJEDAČ
STRANICA
PJESMA
POEZIJA
RELEVANTAN
ROMAN
SERIJA

74 - Chocolate

```
V  N  K  A  L  O  R  I  J  E  F  Š  S  M
A  W  P  O  M  I  L  J  E  N  I  E  A  K
L  O  R  U  K  G  J  U  G  I  L  Ć  S  K
H  K  A  K  A  O  E  Đ  G  E  W  E  T  Y
H  I  H  U  S  R  S  C  U  M  L  R  O  R
O  K  U  S  L  A  T  K  O  D  Đ  R  J  E
A  I  E  N  M  K  I  Z  G  P  E  N  A  C
R  R  D  O  K  A  R  A  M  E  L  A  K  E
B  I  O  F  S  G  M  N  M  E  L  K  B  P
Y  K  I  M  Z  A  N  A  T  S  K  I  E  T
U  I  B  Y  A  K  V  A  L  I  T  E  T  A
K  P  C  P  W  Y  R  S  I  V  U  J  Đ  B
U  V  B  L  E  E  G  Z  O  T  I  Č  N  O
S  Y  W  N  F  V  Y  D  R  C  A  L  M  R
```

ŠEĆER	UKUSNO
GORAK	SLATKO
KIKIRIKI	EGZOTIČNO
AROMA	OMILJENI
ZANATSKI	UKUS
KAKAO	SASTOJAK
KALORIJE	PRAH
KARAMELA	KVALITETA
KOKOS	RECEPT
JESTI	OKUS

75 - Profissões #2

```
F U Y H F S B N O V I N A R
Z O E I O W I E J I D N J A
R U T B Y G O Z K N E F E S
V B B O I Đ L F N Ž T F Z T
J R M A G T O I U E E Z I R
Đ L T V R R G L N N K H K O
P R Đ L D D A W F J T K O N
E V I C A A Z F I E I I S A
P I L O T R Đ I L R V R L U
L I J E Č N I K O J Z U O T
U Č I T E L J G Z R C R V S
S L I K A R L Y O C V G A A
I I Z L D O Y U F U P G C U
I Z U M I T E L J Đ E Y V K
```

ASTRONAUT
BIOLOG
KIRURG
ZUBAR
DETEKTIV
INŽENJER
FILOZOF
FOTOGRAF

IZUMITELJ
VRTLAR
NOVINAR
JEZIKOSLOVAC
LIJEČNIK
PILOT
SLIKAR
UČITELJ

76 - Fazenda #2

```
S L V P Š E N I C A C U E H
T I O V A R Y G B J H M N Đ
A V Ć U O S L O Y K U V I U
J A E K N Ć T T R A K T O R
A D B K O Š N I C A Y O T N
Z A Z E O A Y J R N O V S P
M R J L A M E N A M W Đ J A
O O E Z N C Đ C O K Y F B T
V Z Č L T F M L I J E K O K
C O A S O J A N J E T I N A
E J M F E M G U S K E Z S K
N A V O D N J A V A N J E N
W L M K Ž I V O T I N J E F
K U K U R U Z P O V R Ć E Z
```

ŽIVOTINJE	ZRELO
STAJA	KUKURUZ
JEČAM	OVCE
KOŠNICA	PASTIR
JANJETINA	PATKA
VOĆE	VOĆNJAK
GUSKE	LIVADA
NAVODNJAVANJE	TRAKTOR
MLIJEKO	PŠENICA
LAME	POVRĆE

77 - Jardim

```
V C V I J E T B E S B C K C
H I D M J U B J T U I R D T
F B S G Đ Y H V I Đ U I T V
T M T E R A S A A V Z J R R
V W E Ć G R A B L J E A T
O E T L O A L W M F T V V R
Ć G W U D F P F R G H O A A
N V R P R R A A T R I J E M
J R I A N I V L F M G E E P
A L B M D Đ W O A L Y R G O
K O N H E A L P O L F Z A L
J Z J F N T R A V N J A K I
G A A T U M Z T P T M L W N
L O K C A K L A G A R A Ž A
```

GRABLJE	RIBNJAK
GRM	VISEĆA
DRVO	CRIJEVO
KLUPA	LOPATA
OGRADA	VOĆNJAK
CVIJET	TLO
GARAŽA	TERASA
TRAVA	TRAMPOLIN
TRAVNJAK	TRIJEM
VRT	LOZA

78 - Oceano

```
S O L J E G U L J A R D A P
Z G Y B M C G I T L K Y K Z
D G P R M O R S K I P A S Z
F U J T W V E B E W R Đ R K
A T P K R I B A Z R G V K O
O P O I O P E Š K A M P I R
L E N T N F N Đ Z K L W O N
H O B O T N I C A O J G M J
Đ S L L G F N Đ J R L T E A
T P E U L Đ W Z P A K U D Č
J U S J M C D M Y L V N U A
J Ž S A Đ G F J D J I A Z Z
Y V I J E J Č A M A C M A E
A A K A M E N I C A R S E G
```

ALGE	PLIME
TUNA	MEDUZA
KIT	KAMENICA
ČAMAC	RIBA
ŠKAMPI	HOBOTNICA
RAK	GREBEN
KORALJA	SOL
JEGULJA	KORNJAČA
SPUŽVA	OLUJA
DUPIN	MORSKI PAS

79 - Profissões #1

```
Đ  R  P  K  Y  M  Y  T  Đ  S  A  H  V  A
N  I  M  S  R  Y  I  C  V  P  S  B  A  M
G  C  O  W  I  O  D  G  L  O  T  C  T  B
S  K  R  Z  J  H  J  S  E  R  R  V  R  A
B  A  N  K  A  R  O  A  W  T  O  P  O  S
S  K  A  W  P  Y  R  L  Č  A  N  I  G  A
N  S  R  T  L  F  S  Y  O  Š  O  J  A  D
Đ  U  M  J  E  T  N  I  K  G  M  A  S  O
Z  N  A  N  S  T  V  E  N  I  K  N  A  R
L  L  O  V  A  C  Z  T  R  F  J  I  C  J
A  R  A  E  Č  Y  K  O  C  K  T  S  Đ  L
T  B  U  R  I  G  E  O  L  O  G  T  D  S
A  C  W  N  C  O  D  V  J  E  T  N  I  K
R  Đ  Z  S  A  K  A  R  T  O  G  R  A  F
```

ODVJETNIK
KROJAČ
UMJETNIK
ASTRONOM
SPORTAŠ
BANKAR
VATROGASAC
LOVAC
KARTOGRAF

ZNANSTVENIK
PLESAČICA
AMBASADOR
GEOLOG
ZLATAR
MORNAR
PIJANIST
PSIHOLOG

80 - Campeonato

```
D L L C U I S L R Z P K M I
O L S Đ U L P T I H C P O Z
Y P T W W W O R U G E I T V
T U R N I R R E Y C A Z I O
P P A P U B T N L Y D D V Đ
R O T E H S S E Y O V R A E
V B E L S B K R K M G Ž C N
E J G P G G I G R E G L I J
N E I M P Y Đ M P D F J J E
S D J J Z R S U D A C I A G
T A A H P U V O A L W V C E
V O W R Y O H A G J N O R K
O R C S P T I M K A C S P N
F I N A L I S T A H G T N G
```

PRVAK
PRVENSTVO
IZVOĐENJE
TIM
SPORTSKI
STRATEGIJA
FINALIST
IGRE

SUDAC
LIGA
MEDALJA
MOTIVACIJA
IZDRŽLJIVOST
TURNIR
TRENER
POBJEDA

81 - Castelos

```
V Z C T I G Y B P O M Z E S
R Z P W O D T V R Đ A V A L
T I A P Z R H O I Đ Č F U P
O L L Y I G A W N M I R M R
V J A C D S O N C K O N J I
S C Č R A K Z K J P V Đ I N
O F A N S R R B L R S Z O C
V I T E Z U S K O O A K C E
K Y W S R N M T C K P L E Z
M O O Z Z A G J V Š T I T A
P L E M E N I T I O T A B B
L M F A D I N A S T I J A N
R W C J F E U D A L N I F T
I V K R A L J E V S T V O O
```

OKLOP	TVRĐAVA
VITEZ	CARSTVO
KONJ	PLEMENITI
KRUNA	PALAČA
DINASTIJA	ZID
ZMAJ	PRINCEZA
ŠTIT	PRINC
MAČ	KRALJEVSTVO
FEUDALNI	TORANJ

82 - Escola # 2

```
D  F  N  K  A  K  A  D  E  M  S  K  I  A
G  L  K  K  N  J  I  Ž  N  I  C  A  G  K
I  J  Z  K  N  J  I  G  E  H  Y  L  R  T
J  H  V  G  G  Č  I  T  A  N  J  E  E  I
U  Č  I  T  E  L  J  Ž  F  S  R  N  Š  V
L  G  W  R  B  T  U  U  E  O  A  D  K  N
L  R  M  J  J  L  S  C  A  V  E  A  A  O
M  A  T  E  M  A  T  I  K  A  N  R  R  S
Z  M  E  Č  P  P  R  I  B  O  R  O  E  T
R  A  Z  N  A  N  O  S  T  L  U  G  S  I
M  T  G  I  P  M  D  E  E  O  K  N  H  T
W  I  W  K  I  H  B  Z  Z  V  S  L  G  I
G  K  R  C  R  M  K  B  I  K  A  S  N  D
R  A  Č  U  N  A  L  O  G  A  K  U  D  C
```

AKADEMSKI
AKTIVNOSTI
KNJIŽNICA
KALENDAR
ZNANOST
RAČUNALO
RJEČNIK
GRAMATIKA
IGRE
OLOVKA

ČITANJE
KNJIŽEVNOST
KNJIGE
MATEMATIKA
RUKSAK
PAPIR
UČITELJ
PRIBOR
ŠKARE

83 - Abelhas

```
S S M E V H S G F U E G W R
M R H U P W T P L O H F S A
E B I L J E A E V Đ Z B U Z
D K M J E I N L K V O Ć E N
V R O I A T I U O R O J K O
V I S S K B Š D Š T W S R L
U L C G U R T I N H K V A I
F A W R B S E Z I H O K L K
C A T R Z C T G C A R O J O
O S K P J H V A A D I M I S
P Z U L K Đ K I V M S A C T
H D K U Z Đ M K J R N A A Y
R P A S U N C E K E O I T T
C S C V I J E Ć E Đ T Đ B G
```

KRILA
KORISNO
VOSAK
KOŠNICA
RAZNOLIKOST
EKOSUSTAV
ROJ
CVIJET
CVIJEĆE
VOĆE

DIM
STANIŠTE
KUKAC
VRT
MED
BILJE
PELUD
KRALJICA
SUNCE

84 - Banheiro

```
H  H  P  S  N  K  G  R  Z  K  S  R  P  Š
Đ  S  T  A  P  P  Y  U  F  F  L  W  A  A
Đ  P  C  E  R  J  B  Č  B  T  A  C  R  M
S  U  J  H  P  A  J  N  T  Y  V  C  F  P
J  Ž  W  V  J  I  S  I  U  Y  I  P  E  O
E  V  D  P  H  V  H  K  Š  Đ  N  L  M  N
R  A  O  G  L  E  D  A  L  O  A  J  J  D
S  Đ  N  D  S  R  Z  N  T  Z  J  S  E  K
E  M  Š  K  A  R  E  E  Z  K  Z  S  H  T
N  R  K  P  P  L  V  K  B  A  O  D  U  W
D  H  H  E  U  B  K  U  R  F  Z  K  R  Z
C  F  M  Y  N  M  A  C  K  I  I  S  I  S
N  O  N  B  G  O  D  F  D  T  J  H  Ć  M
L  O  S  I  O  N  A  R  F  B  A  V  I  O
```

VODA	PARFEM
WC	SAPUN
KADA	TEPIH
MJEHURIĆI	ŠKARE
TUŠ	RUČNIK
OGLEDALO	SLAVINA
SPUŽVA	PARA
LOSION	ŠAMPON

85 - Ciência

```
O  F  K  E  M  I  J  S  K  I  P  M  P  S
Č  R  E  R  V  K  R  T  M  B  R  I  R  A
I  L  G  F  P  O  D  A  C  I  I  N  O  A
N  A  R  A  Z  R  L  Y  C  L  R  E  M  H
J  B  A  T  N  H  F  U  P  J  O  R  A  O
E  O  V  O  A  I  I  O  C  E  D  A  T  O
N  R  I  M  N  P  Z  V  S  I  A  L  R  Č
I  A  T  O  S  O  I  A  F  I  J  I  A  E
C  T  A  L  T  T  K  R  M  J  L  A  N  S
A  O  C  E  V  E  A  O  E  G  I  O  J  T
T  R  I  K  E  Z  A  O  T  P  W  L  E  I
N  I  J  U  N  A  G  D  O  Z  R  W  H  C
P  J  A  L  I  O  W  R  D  T  Y  F  H  E
U  G  P  E  K  L  I  M  A  L  E  A  A  P
```

ATOM	LABORATORIJ
ZNANSTVENIK	METODA
KLIMA	MINERALI
PODACI	MOLEKULE
EVOLUCIJA	PRIRODA
ČINJENICA	PROMATRANJE
FIZIKA	ORGANIZAM
FOSIL	ČESTICE
GRAVITACIJA	BILJE
HIPOTEZA	KEMIJSKI

86 - Cores

```
F  G  D  Đ  W  U  T  R  Z  F  V  C  I  Đ
F  V  M  S  M  G  G  C  S  H  F  F  K  I
R  U  Ž  I  Č  A  S  T  A  M  U  J  I  L
Đ  K  I  V  Ž  W  G  B  I  U  K  B  K  T
U  I  U  A  L  U  U  E  B  Y  S  A  Y  W
T  Z  J  Đ  J  S  T  Ž  N  C  I  J  A  N
G  E  W  R  C  E  M  A  W  T  J  G  U  L
P  L  A  V  A  P  M  E  B  Y  A  C  H  D
A  E  Đ  Y  I  I  V  I  Đ  O  C  R  N  A
N  N  C  B  I  J  E  L  I  J  J  T  F  K
I  K  T  P  B  A  A  T  A  L  B  A  Y  Z
L  J  U  B  I  Č  A  S  T  A  Đ  L  J  M
N  A  R  A  N  Č  A  C  R  V  E  N  A  V
H  H  Z  W  C  W  I  Y  U  W  M  F  G  I
```

ŽUTA BOJA	MAGENTA
PLAVA	SMEĐ
BEŽ	CRNA
BIJELI	RUŽIČASTA
CIJAN	LJUBIČASTA
SIVA	SEPIJA
FUKSIJA	ZELEN
NARANČA	CRVENA

87 - Comida #1

```
B K W O T D L M M A B F N J
S Š M R K V A J L U K Z K C
K E P C C F L L I M U N T W
H Ć V V M Z G Z J U H A U Đ
Č E Š N J A K Đ E S D W Z H
M R K I K I R I K I T U N A
T E N V S N V E O S O K O B
J P S J K G R K L F F M Š O
C A J E Č A M T M I V V P S
I C G P I O S O L Đ C Y I I
M R B O P I T R T I O A N L
E A Z G D B S T Đ Z B C A J
T Z F Y S A L A T A M Z T A
N N Y S Z B Y Y Y Y O S U K
```

ŠEĆER	ŠPINAT
ČEŠNJAK	MLIJEKO
KIKIRIKI	LIMUN
TUNA	BOSILJAK
TORTA	JAGODA
CIMET	REPA
LUK	SOL
MRKVA	SALATA
JEČAM	JUHA
MARELICA	SOK

88 - Pássaros

```
B V Y B Y O P O N P S T U Y
M R O D A R I O O I H U K B
Č A P L J A L R G N W H Đ G
I B F A M O E R C G Z K P D
E A O S U J T N J V R U T V
U C E Đ P N I P A I W K Z U
P A T K A Đ N A J N M A L J
N O J Z K Y A P E A I V G M
G O L U B R S I E Đ H I T R
P G U S K A G G P L M C O C
Y W L A B U D A P B I A U D
V R A N A J O C L R Đ K C E
F P Đ R K O O D L E E O A V
F L A M I N G O H Đ B Y N N
```

NOJ	ČAPLJA
ORAO	JAJE
RODA	PAPIGA
LABUD	VRABAC
VRANA	PATKA
KUKAVICA	PAUN
FLAMINGO	PELIKAN
PILETINA	PINGVIN
GALEB	GOLUB
GUSKA	TOUCAN

89 - Virtudes #1

```
P  R  A  K  T  I  Č  A  N  C  I  K  I  J
I  I  F  G  G  Z  T  O  D  L  U  Č  N  O
S  T  R  A  S  A  N  R  Y  S  L  A  T  Z
N  V  U  M  J  E  T  N  I  Č  K  I  E  N
Z  E  Š  A  R  M  A  N  T  A  N  E  L  A
D  L  T  S  Y  E  Z  P  E  Đ  M  K  I  T
S  I  P  F  M  F  L  N  N  O  Č  O  G  I
P  K  P  A  C  I  J  E  N  T  I  R  E  Ž
S  O  R  W  G  K  J  R  M  K  S  I  N  E
K  D  D  O  B  A  R  E  N  U  T  S  T  L
W  U  J  Y  M  S  M  M  Š  P  D  T  A  J
O  Š  N  E  Z  A  V  I  S  N  A  A  N  A
B  A  B  B  O  N  N  H  Z  Y  O  N  R  N
C  N  U  V  J  E  R  E  N  P  F  W  O  U
```

STRASAN	VELIKODUŠAN
UMJETNIČKI	NEZAVISNA
DOBAR	INTELIGENTAN
UVJEREN	ČIST
ZNATIŽELJAN	SKROMAN
ODLUČNO	PACIJENT
EFIKASAN	PRAKTIČAN
ŠARMANTAN	MUDAR
SMIJEŠNO	KORISTAN

90 - Literatura

```
M  F  Z  A  K  L  J  U  Č  A  K  D  U  A
B  C  I  W  N  G  F  C  V  N  Y  I  S  N
E  G  L  K  S  P  P  Z  Y  A  P  J  P  A
U  G  P  R  C  Z  W  Y  N  L  A  A  O  L
G  K  F  A  N  I  R  E  Y  I  B  L  R  O
V  K  J  N  D  V  J  P  O  Z  D  O  E  G
I  P  J  E  S  M  A  A  V  A  B  G  D  I
B  I  O  G  R  A  F  I  J  A  T  B  B  J
F  P  S  D  I  U  B  G  R  K  E  E  A  A
W  T  T  O  T  T  Y  N  P  O  F  O  M  T
S  O  V  T  A  O  O  P  I  S  M  T  M  A
H  N  D  A  M  R  I  M  A  T  B  A  Z  L
M  E  T  A  F  O  R  A  N  I  T  U  N  G
M  I  Š  L  J  E  N  J  E  L  U  R  D  S
```

ANALOGIJA	STIL
ANALIZA	FIKCIJA
ANEGDOTA	METAFORA
AUTOR	MIŠLJENJE
BIOGRAFIJA	PJESMA
USPOREDBA	RIMA
ZAKLJUČAK	RITAM
OPIS	ROMAN
DIJALOG	TEMA

91 - Clima

```
T A L N S M T B H V I W N G
W E A N S U H O B L A K P R
K V M V V N A P R I G V Z M
L A A P U J H O A N A P V L
I T G C E A V V Y J A J N J
M M L D R R C J C C Y D B A
A O A S F Z A E A I M W O V
V S N O O Z W T R O P S K I
J F H S D U G A U C L L S N
E E U S U Š A R P R S E B A
T R R Y S N Z A O J A D L Y
A A O L U J A C U R A G A N
R Z Z N E B O M M V V T Đ A
K H C D J Đ P O L A R N I L
```

DUGA
ATMOSFERA
POVJETARAC
NEBO
KLIMA
URAGAN
LED
MONSUN
MAGLA
OBLAK

POLARNI
MUNJA
SUŠA
SUHO
TEMPERATURA
OLUJA
TORNADO
TROPSKI
GRMLJAVINA
VJETAR

92 - Tecnologia

```
T  P  B  F  P  C  R  O  Z  B  S  P  V  N
P  I  R  R  A  Č  U  N  A  L  O  O  I  S
M  W  J  E  W  D  O  Z  S  O  F  R  R  N
O  P  L  E  G  U  O  F  L  G  T  U  U  F
K  N  W  D  G  L  F  J  O  R  V  K  S  N
P  O  D  A  C  I  E  K  N  B  E  A  V  K
D  T  B  C  W  D  F  D  A  A  R  T  I  U
B  A  J  T  O  V  I  C  N  M  Đ  L  R  R
I  N  T  E  R  N  E  T  P  I  E  T  T  S
Z  I  O  O  P  O  B  A  Đ  I  K  R  U  O
V  F  V  S  T  A  T  I  S  T  I  K  A  R
Y  R  J  F  G  E  E  A  Z  I  I  V  L  P
S  Z  Đ  E  F  P  K  U  I  F  I  N  A  E
P  S  D  I  G  I  T  A  L  N  I  V  N  Đ
```

DATOTEKA	STATISTIKA
BLOG	INTERNET
BAJTOVI	PORUKA
KAMERA	PREGLEDNIK
RAČUNALO	SOFTVER
KURSOR	ZASLON
PODACI	VIRTUALAN
DIGITALNI	VIRUS

93 - Arte

```
R  S  A  A  U  C  W  R  O  K  E  J  M  S
A  K  E  K  O  M  P  L  E  K  S  N  Z  I
S  U  J  E  D  N  O  S  T  A  V  A  N  M
P  L  N  R  G  R  D  P  A  Đ  N  D  I  B
O  P  A  A  I  Z  R  A  Z  J  N  A  S  O
L  T  D  M  D  W  I  A  G  R  T  H  K  L
O  U  R  I  U  E  I  I  O  Z  I  N  R  D
Ž  R  E  Č  P  O  E  Z  I  J  A  U  E  J
E  A  A  K  S  B  H  U  V  S  W  T  N  R
N  S  L  I  K  E  S  T  V  O  R  I  T  I
J  B  I  P  R  E  D  M  E  T  R  T  K  K
E  C  Z  G  B  S  A  S  T  A  V  N  D  Đ
G  H  A  O  S  O  B  N  I  H  M  H  I  Z
W  U  M  V  I  D  N  I  C  W  Z  Y  V  K
```

KERAMIČKI	IZVORNIK
KOMPLEKS	OSOBNI
SASTAV	SLIKE
STVORITI	POEZIJA
SKULPTURA	JEDNOSTAVAN
IZRAZ	SIMBOL
ISKREN	PREDMET
RASPOLOŽENJE	NADREALIZAM
NADAHNUT	VIDNI

94 - Dinossauros

```
P Y N E V O L U C I J A B M
J R Z W O K R I L A G L I I
N M A M U T B D Đ S T V L N
W M Č P D P L I J E N E J S
P R A M O Z E M L J A L O T
B O R T M V H V V U K I J E
E G A A E E I V R B J Č E S
Đ R N U S L S J G S A I D N
Đ O I O O I C V E C T N I A
G M A Z Ž K C Y E S B A M Ž
I A F S D I K Đ A J N D L A
Đ N N W E C J R U K E I F N
K D Z U R F O S I L I D D S
V R E P N E S T A N A K F D
```

KRILA
MESOŽDER
REP
NESTANAK
OGROMAN
VRSTA
EVOLUCIJA
FOSILI
VELIKI
BILJOJEDI

MAMUT
SVEJED
SNAŽAN
PLIJEN
PRAPOVIJESNI
GMAZ
VELIČINA
ZEMLJA
ZAČARANI

95 - Esportes

```
G  Z  R  Y  H  M  Z  B  H  P  P  Đ  I  H
B  I  C  I  K  L  R  Đ  V  O  H  B  G  O
P  R  M  K  Y  B  K  C  M  B  K  B  R  K
S  I  H  N  D  E  S  R  P  J  H  V  A  E
L  U  A  J  A  J  J  F  G  E  Đ  P  K  J
I  G  R  A  Č  Z  J  S  U  D  A  C  O  T
J  D  J  J  V  B  I  A  D  N  Đ  Đ  Š  R
O  N  M  R  P  O  J  J  B  I  S  V  A  E
G  P  W  Đ  B  L  Y  B  A  K  P  G  R  N
Z  O  P  R  V  E  N  S  T  V  O  G  K  E
K  K  L  S  T  A  D  I  O  N  R  E  A  R
W  R  Y  F  G  I  M  N  A  S  T  I  K  A
P  E  M  I  E  Đ  M  L  Đ  H  A  F  G  G
G  T  E  N  I  S  E  J  B  W  Š  O  P  D
```

SPORTAŠ	GIMNAZIJA
SUDAC	GIMNASTIKA
KOŠARKA	GOLF
BEJZBOL	HOKEJ
BICIKL	IGRAČ
PRVENSTVO	IGRA
TIM	POKRET
STADION	TENIS
POBJEDNIK	TRENER

96 - Comida # 2

```
A O H N I O U J G O B J R P
Y J Y P I L E T I N A A A Š
D H Đ L K C Y T E M D B J E
T M K K G R O Ž Đ E E U Č N
P A T L I D Ž A N Y M K I I
Č R T Y L V F R I Ž A A C C
O T R D B W I I B N J G A A
K I E G T H C B S A H N B I
O Č Š L M S B A K K N N T S
L O N J O G U R T W L A O I
A K J I T B Đ F J A J E N R
D A A V Đ K B R O K U L A A
A S U A Đ Š U N K A W L J E
Z N V U U N B I C Y V U K E
```

ARTIČOKA
BADEM
RIŽA
BANANA
PATLIDŽAN
BROKULA
TREŠNJA
ČOKOLADA
GLJIVA
PILETINA

JOGURT
KIVI
JABUKA
JAJE
RIBA
ŠUNKA
SIR
RAJČICA
PŠENICA
GROŽĐE

97 - Barcos

```
S Y G M E D S J R P A M I Z
B T C Z K E V A P I Y M Y P
S H P L I M A R O P J E Y L
U P S Z N F N B S O S E U U
V R L I H Y G O A M W A K T
D G M A D H B L D O H R A A
Y Đ J K V R B Y A R L A J Č
V A L O V I O U U S M V A A
O C E A N I M Ž Z K W T K M
T R A J E K T E D I H K P O
L M P R I S T A N I Š T E T
M O R N A R K A N U T O Đ O
T R T E B M Y V J A H T A R
J E Z E R O S F L U H Z D D
```

SIDRO
TRAJEKT
PLUTAČA
KAJAK
KANU
UŽE
PRISTANIŠTE
JAHTA
SPLAV
JEZERO

MORE
PLIMA
MORNAR
JARBOL
MOTOR
POMORSKI
OCEAN
VALOVI
RIJEKA
POSADA

98 - Piratas

```
C K K Y Đ K Z R S D O R J L
E O O B L A G O I O P B U H
D V M A Č R K J D P A E S M
L A P D S T I C R O S P A T
V N A P Z A J E O S N A V E
L I S L E G E N D A O P A S
A C C O O O V Š T D S I N K
Z E J Š P Ž C M P A T G T A
L N U E I I Đ E B I G A U P
A K Z Y V L K D A S L V R E
T G K Y Đ J F M F N O J A T
O V W K W A Y E W R T C A A
P L A Ž A K M K Đ N O R B N
Y Y B L M Y E M J W K Y C O
```

AVANTURA
SIDRO
KOMPAS
KAPETAN
ŠPILJA
OŽILJAK
MAČ
OTOK
LEGENDA
KARTA

LOŠE
KOVANICE
OCEAN
ZLATO
PAPIGA
OPASNOST
PLAŽA
RUM
BLAGO
POSADA

99 - Mamíferos

```
S  Z  P  C  N  F  V  I  I  A  B  M  F  N
K  L  O  K  A  N  M  P  K  B  W  A  Z  S
I  K  O  J  O  T  A  B  O  Z  I  Č  Ž  Y
A  N  R  N  D  U  P  I  N  E  Z  K  I  T
M  A  J  M  U  N  A  F  J  B  E  A  R  C
K  Y  K  F  D  E  S  G  O  R  I  L  A  Y
U  O  P  A  L  I  S  I  C  A  Z  O  F  Z
W  D  J  U  M  W  H  M  Đ  D  E  V  A  B
Y  Z  J  M  A  F  I  R  J  A  C  C  A  F
S  T  K  E  A  B  H  R  I  B  E  E  W  I
S  G  M  B  L  R  T  U  Đ  A  I  W  E  A
S  N  S  J  S  A  D  H  Đ  R  A  K  G  L
R  S  S  P  Y  W  V  U  K  U  K  A  G  I
Z  F  I  F  M  F  I  B  M  L  A  N  U  N
```

KIT	ŽIRAFA
DEVA	DUPIN
KLOKAN	GORILA
DABAR	LAV
KONJ	VUK
PAS	MAJMUN
ZEC	OVCE
KOJOT	LISICA
SLON	BIK
MAČKA	ZEBRA

100 - Atividades e Lazer

```
B O K S S U R F A N J E Z P
L Y F V R M K O Š A R K A L
B E J Z B O L Y N U N A E I
P U T O V A T I O J B N O V
V O J K A A Đ N G P E B U A
R I B A R S T V O J O N M N
T S L M E I C A M E P T J J
L L O P P G B P E Š U E E E
A I D I S H Đ N T A Š N T N
R K B R G O L F J Č T I N C
S A O A Đ B O H H E A S O P
T W J N Y I Y T J N N Z S T
V C K J I J K V G J J J T V
O Y A E E I L S P E E W P O
```

KAMPIRANJE   RONJENJE
UMJETNOST   PLIVANJE
KOŠARKA   RIBARSTVO
BEJZBOL   SLIKA
BOKS   OPUŠTANJE
PJEŠAČENJE   SURFANJE
NOGOMET   TENIS
GOLF   PUTOVATI
HOBIJI   ODBOJKA
VRTLARSTVO

1 - Dirigindo

2 - Atividades

3 - Churrascos

4 - Pesca

5 - Geologia

6 - Tempo

7 - Astronomia

8 - Circo

9 - Acampamento

10 - Emoções

11 - Ficção Científica

12 - Mitologia

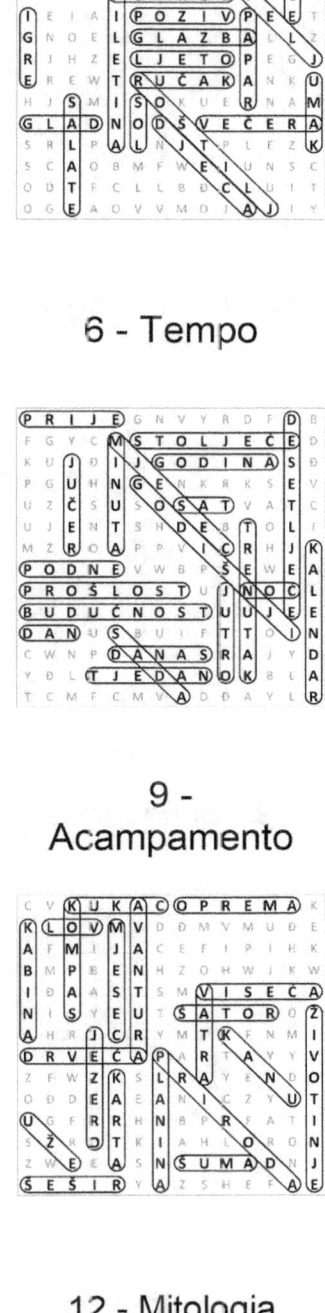
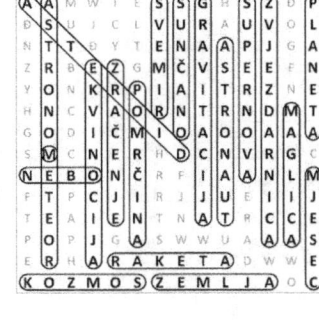
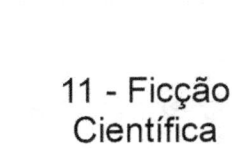
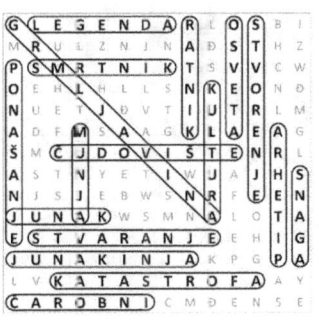
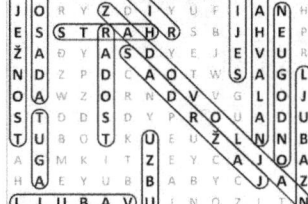
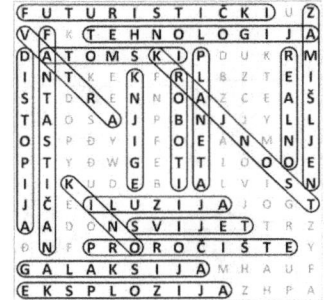

13 - Medições

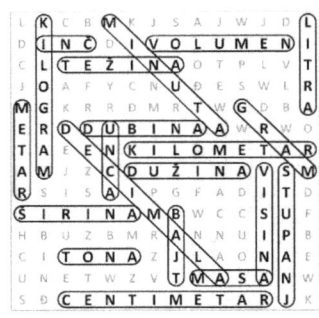

14 - Plantas

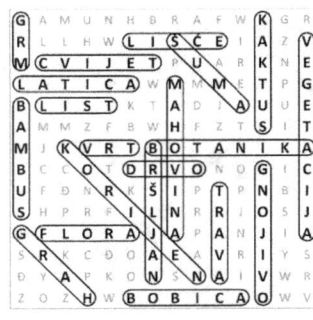

15 - Veículos

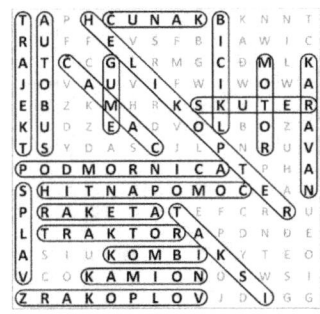

16 - Restaurante #2

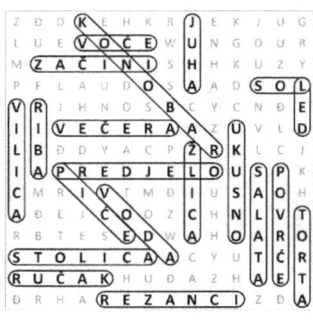

17 - Países #2

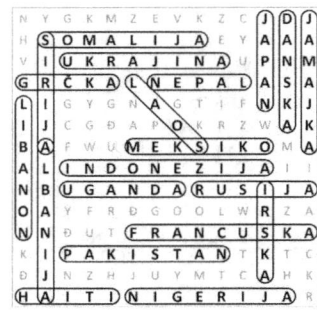

18 - Cozinha

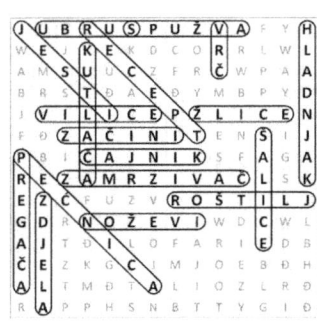

19 - Brinquedos

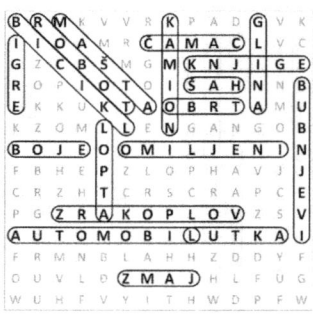

20 - Verão

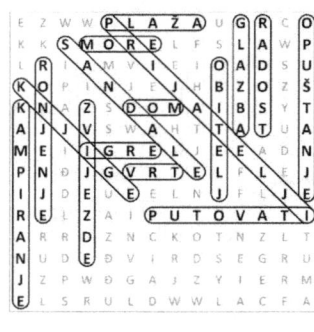

21 - Material de Arte

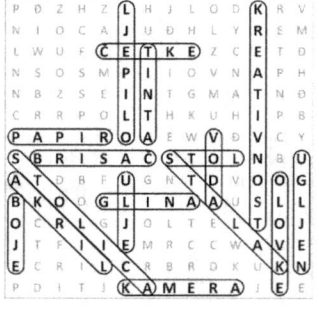

22 - Números

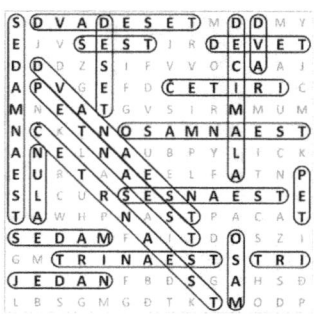

23 - Ferramentas

24 - Especiarias

25 - Aniversário

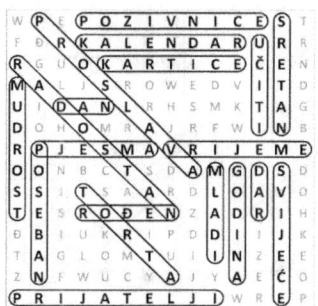

26 - Casa

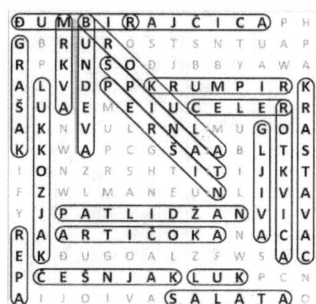

27 - Vegetais

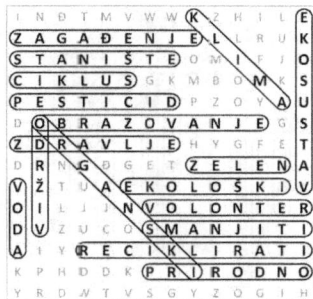

28 - Exploração

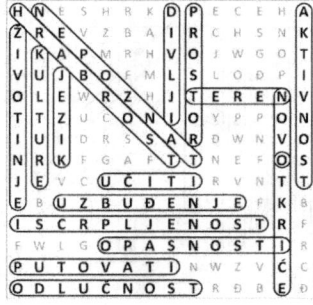

29 - Balé

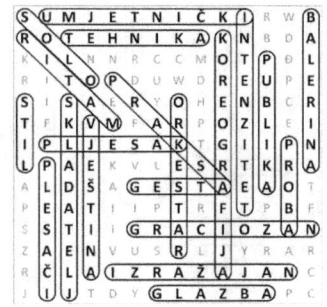

30 - Conservação

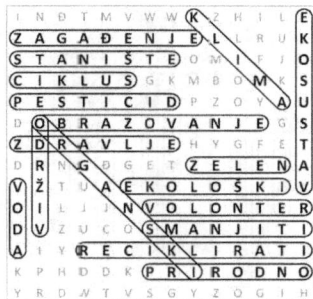

31 - Adjetivos #1

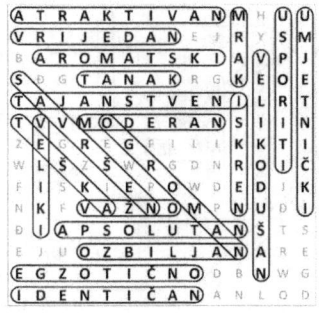

32 - Insetos

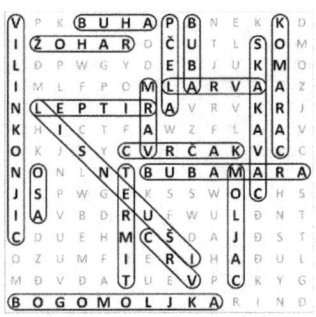

33 - Paisagens

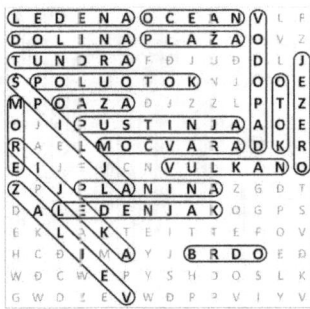

34 - Dança

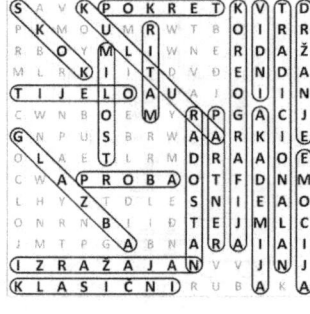

35 - Nutrição

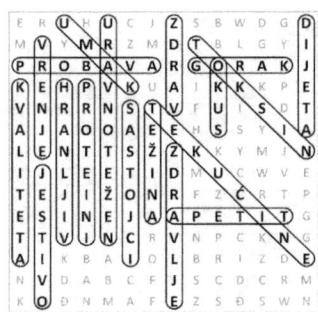

36 - Disciplinas Científicas

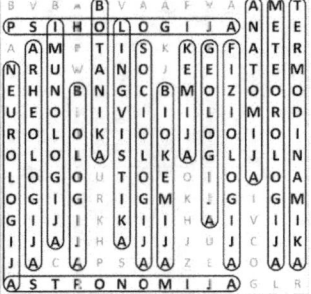

37 - Meditação

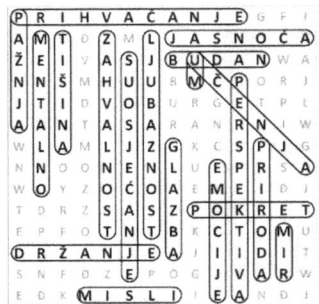

38 - Gatos

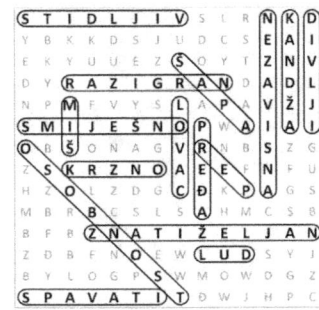

39 - Artes Visuais

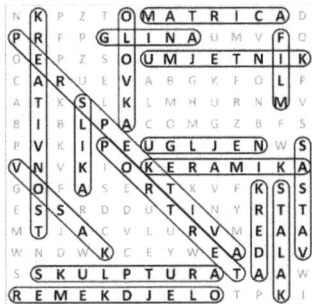

40 - Instrumentos Musicais

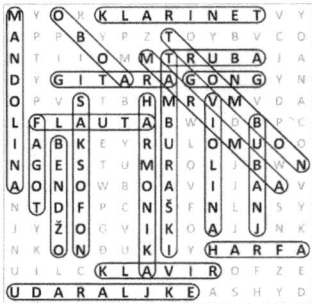

41 - Escola #1

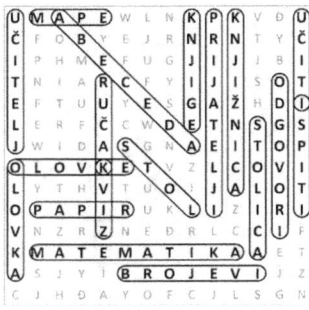

42 - Adjetivos #2

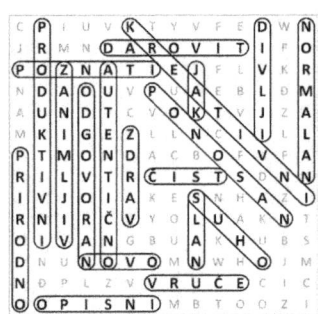

43 - Roupas

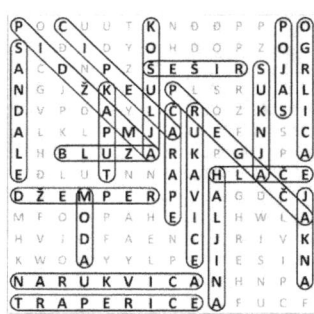

44 - Herbalismo

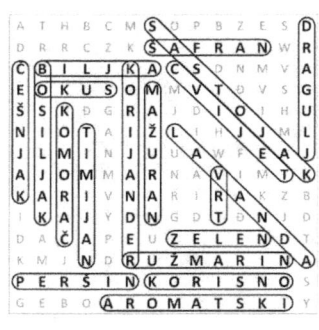

45 - Frutas

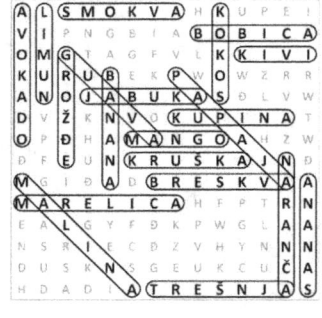

46 - Corpo Humano

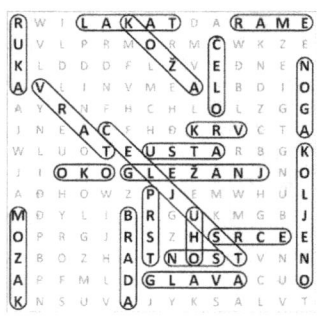

47 - Restaurante #1

48 - Caminhada

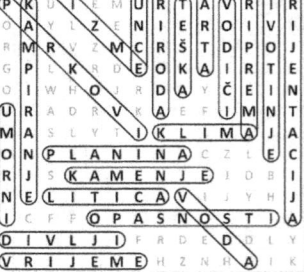

49 - Água

50 - Sons

51 - Ecologia

52 - Família

53 - Férias #2

54 - Edifícios

55 - Praia

56 - Xadrez

57 - Aventura

58 - Surf

59 - Floresta Tropical

60 - Cidade

61 - Matemática

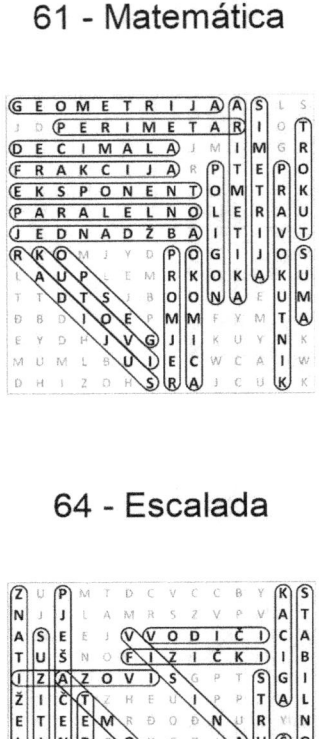

62 - Natureza

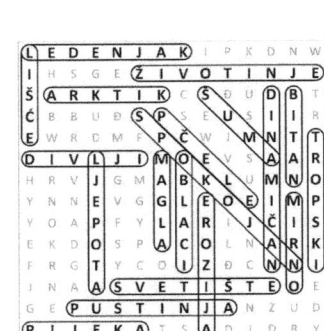

63 - Animais de Estimação

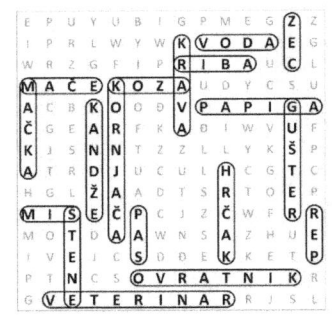

64 - Escalada

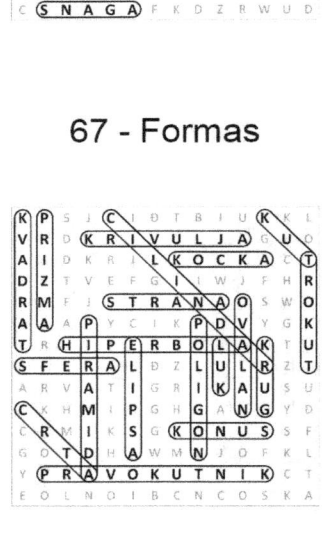

65 - Aviões

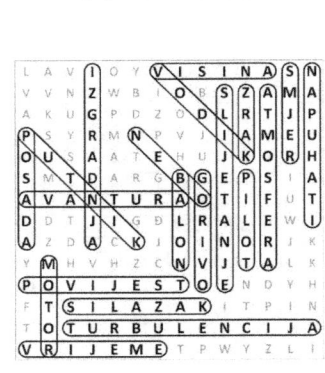

66 - Tipos de Cabelo

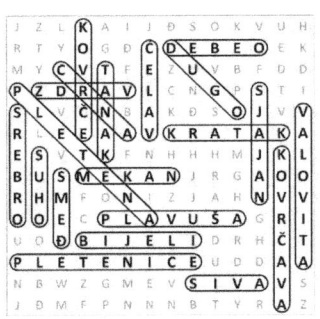

67 - Formas

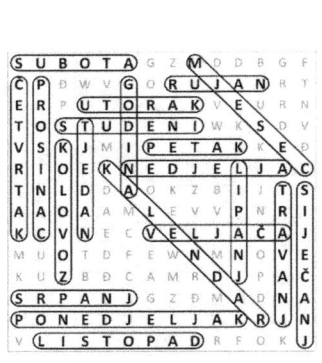

68 - Dias e Meses

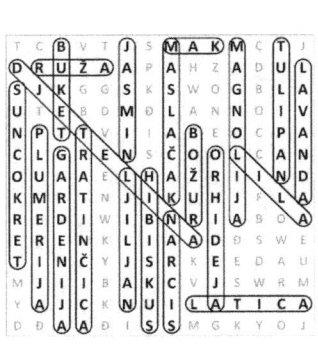

69 - Geografia

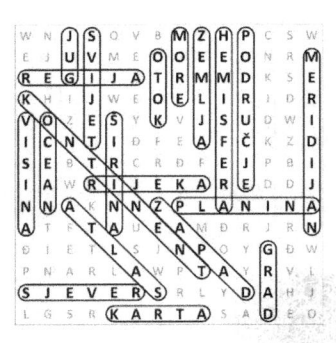

70 - Antártica

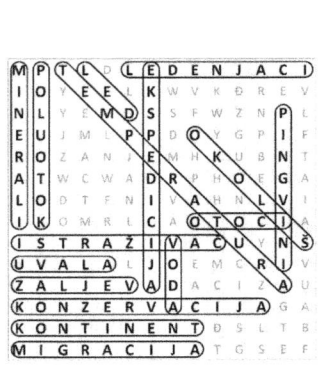

71 - Flores

72 - Fazenda #1

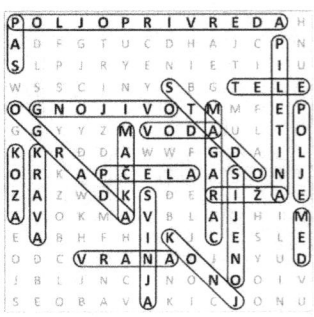

73 - Livros

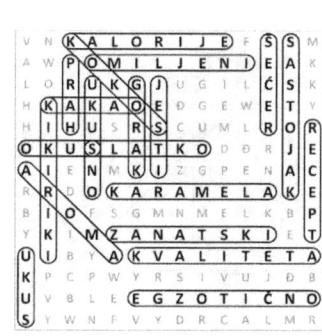

74 - Chocolate

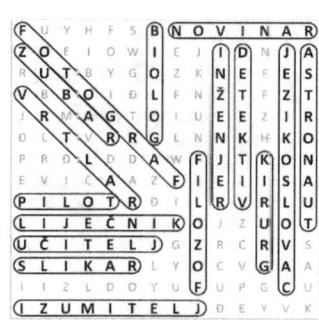

75 - Profissões #2

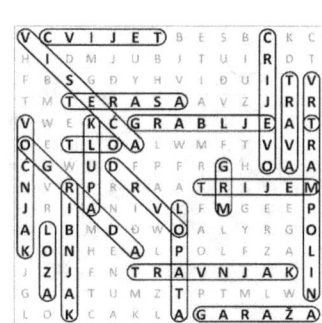

76 - Fazenda #2

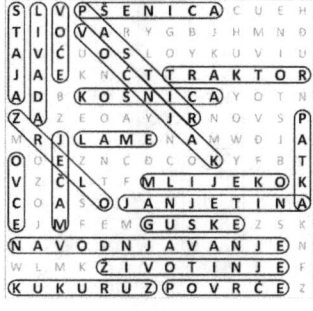

77 - Jardim

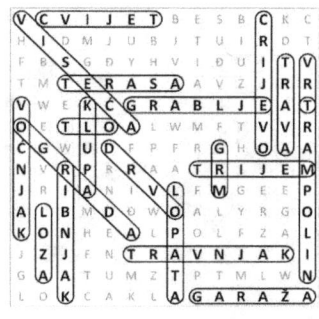

78 - Oceano

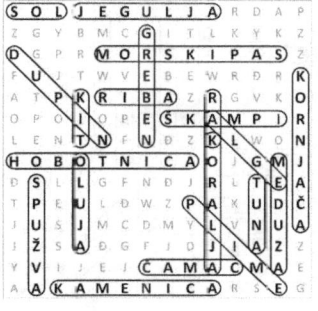

79 - Profissões #1

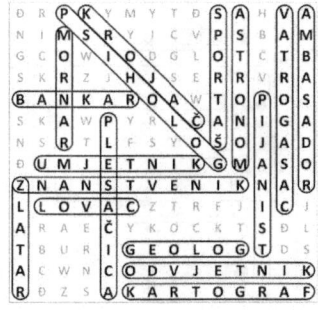

80 - Campeonato

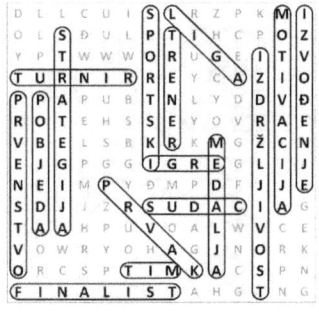

81 - Castelos

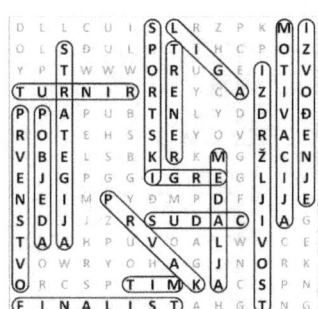

82 - Escola # 2

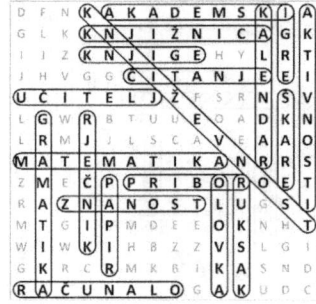

83 - Abelhas

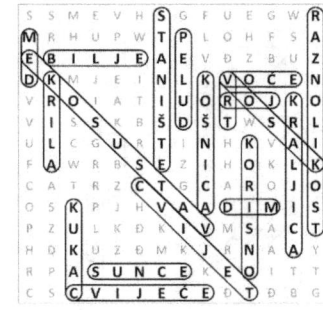

84 - Banheiro

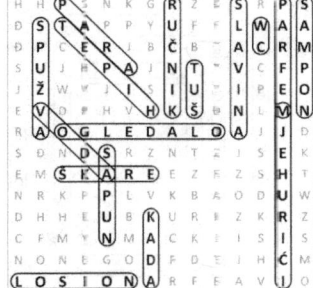

85 - Ciência

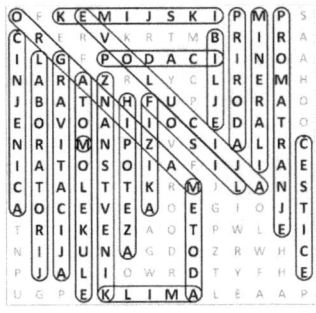

86 - Cores

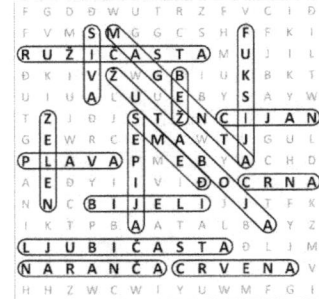

87 - Comida #1

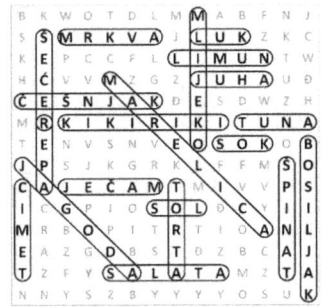

88 - Pássaros

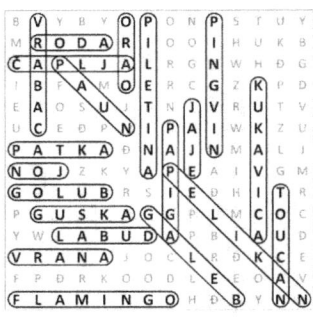

89 - Virtudes #1

90 - Literatura

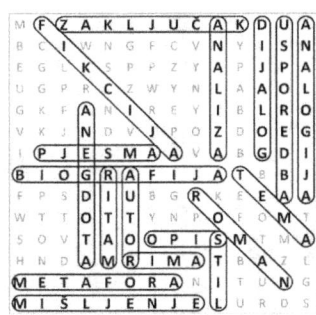

91 - Clima

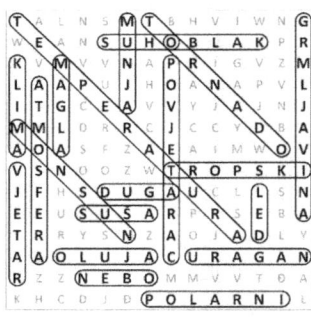

92 - Tecnologia

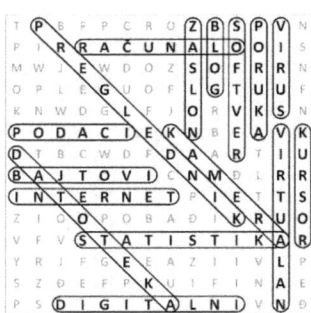

93 - Arte

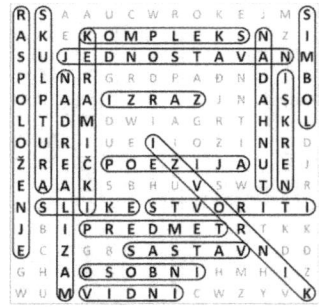

94 - Dinossauros

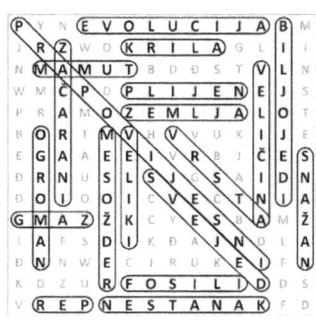

95 - Esportes

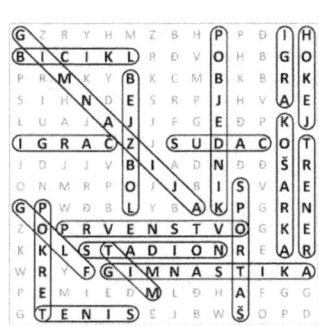

96 - Comida # 2

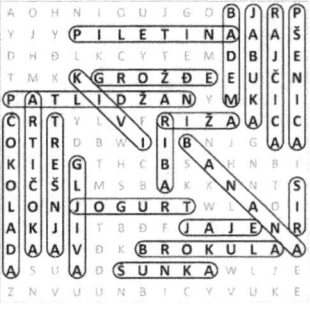

97 - Barcos

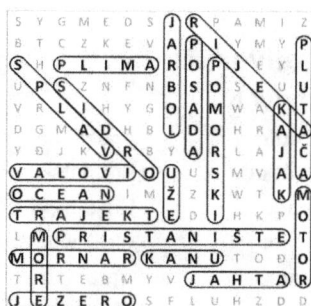

98 - Piratas

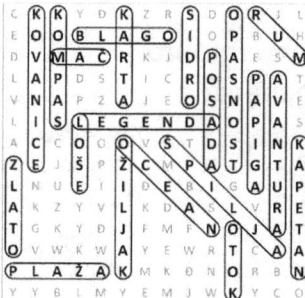

99 - Mamíferos

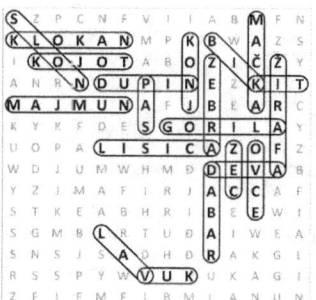

100 - Atividades e Lazer

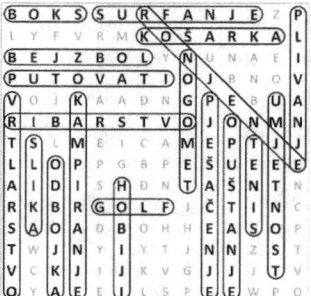

Dicionário

Abelhas
Pčele

Asas	Krila
Benéfico	Korisno
Cera	Vosak
Colmeia	Košnica
Diversidade	Raznolikost
Ecossistema	Ekosustav
Enxame	Roj
Flor	Cvijet
Flores	Cvijeće
Fruta	Voće
Fumaça	Dim
Habitat	Stanište
Inseto	Kukac
Jardim	Vrt
Mel	Med
Plantas	Bilje
Pólen	Pelud
Rainha	Kraljica
Sol	Sunce

Acampamento
Kampiranje

Animais	Životinje
Aventura	Avantura
Árvores	Drveća
Bússola	Kompas
Cabine	Kabina
Caça	Lov
Canoa	Kanu
Chapéu	Šešir
Corda	Uže
Equipamento	Oprema
Floresta	Šuma
Fogo	Vatra
Inseto	Kukac
Lago	Jezero
Lua	Mjesec
Maca	Viseća
Mapa	Karta
Montanha	Planina
Natureza	Priroda
Tenda	Šator

Adjetivos #1
Pridjevi № 1

Absoluto	Apsolutan
Aromático	Aromatski
Artístico	Umjetnički
Atraente	Atraktivan
Enorme	Ogroman
Escuro	Mrak
Exótico	Egzotično
Fino	Tanak
Generoso	Velikodušan
Grande	Veliki
Honesto	Iskren
Idêntico	Identičan
Importante	Važno
Lento	Usporiti
Misterioso	Tajanstveni
Moderno	Moderan
Perfeito	Savršen
Pesado	Teška
Sério	Ozbiljan
Valioso	Vrijedan

Adjetivos #2
Pridjevi № 2

Autêntico	Autentično
Criativo	Kreativni
Descritivo	Opisni
Dotado	Darovit
Elegante	Elegantan
Famoso	Poznati
Forte	Jak
Interessante	Zanimljiv
Natural	Prirodno
Normal	Normalan
Novo	Novo
Orgulhoso	Ponosan
Produtivo	Produktivni
Puro	Čist
Quente	Vruće
Responsável	Odgovoran
Salgado	Slan
Saudável	Zdrav
Seco	Suho
Selvagem	Divlji

Animais de Estimação
Kućni Ljubimci

Água	Voda
Cabra	Koza
Cachorro	Štene
Cauda	Rep
Cão	Pas
Coelho	Zec
Colarinho	Ovratnik
Garras	Kandže
Gatinho	Mače
Gato	Mačka
Hamster	Hrčak
Lagarto	Gušter
Mouse	Miš
Papagaio	Papiga
Peixe	Riba
Tartaruga	Kornjača
Vaca	Krava
Veterinário	Veterinar

Aniversário
Rođendan

Alegre	Radostan
Amigos	Prijatelji
Ano	Godina
Aprender	Učiti
Bolo	Torta
Calendário	Kalendar
Canção	Pjesma
Cartões	Kartice
Celebração	Proslava
Convites	Pozivnice
Dia	Dan
Dom	Dar
Especial	Poseban
Feliz	Sretan
Jovem	Mladi
Nascer	Rođen
Sabedoria	Mudrost
Tempo	Vrijeme
Velas	Svijeće

Antártica
Antarktika

Ambiente	Okoliš
Água	Voda
Baía	Zaljev
Científico	Znanstven
Conservação	Konzervacija
Continente	Kontinent
Enseada	Uvala
Expedição	Ekspedicija
Geleiras	Ledenjaci
Gelo	Led
Geografia	Geografija
Ilhas	Otoci
Investigador	Istraživač
Migração	Migracija
Minerais	Minerali
Península	Poluotok
Pinguins	Pingvini
Rochoso	Stjenovita
Temperatura	Temperatura
Topografia	Topografija

Arte
Umjetnost

Cerâmica	Keramički
Complexo	Kompleks
Composição	Sastav
Criar	Stvoriti
Escultura	Skulptura
Expressão	Izraz
Honesto	Iskren
Humor	Raspoloženje
Inspirado	Nadahnut
Original	Izvornik
Pessoal	Osobni
Pinturas	Slike
Poesia	Poezija
Simples	Jednostavan
Símbolo	Simbol
Sujeito	Predmet
Surrealismo	Nadrealizam
Visual	Vidni

Artes Visuais
Vizualne Umjetnosti

Argila	Glina
Arquitetura	Arhitektura
Artista	Umjetnik
Carvão	Ugljen
Cavalete	Stalak
Cera	Vosak
Cerâmica	Keramika
Composição	Sastav
Criatividade	Kreativnost
Escultura	Skulptura
Estêncil	Matrica
Filme	Film
Giz	Kreda
Lápis	Olovka
Obra-Prima	Remek-Djelo
Perspectiva	Perspektiva
Pintura	Slika
Retrato	Portret
Verniz	Lak

Astronomia
Astronomija

Asteróide	Asteroid
Astronauta	Astronaut
Astrônomo	Astronom
Céu	Nebo
Constelação	Konstelacija
Cosmos	Kozmos
Eclipse	Pomrčina
Equinócio	Ekvinocija
Foguete	Raketa
Gravidade	Gravitacija
Lua	Mjesec
Meteoro	Meteor
Nebulosa	Maglica
Observatório	Zvjezdarnica
Planeta	Planeta
Radiação	Zračenje
Solar	Sunčano
Supernova	Supernova
Terra	Zemlja
Universo	Svemir

Atividades
Aktivnosti

Arte	Umjetnost
Artesanato	Obrt
Atividade	Aktivnost
Caca	Lov
Caminhada	Pješačenje
Cerâmica	Keramika
Fotografia	Fotografija
Habilidade	Vještina
Interesses	Interesi
Jardinagem	Vrtlarstvo
Jogos	Igre
Lendo	Čitanje
Magia	Magija
Pesca	Ribarstvo
Pintura	Slika
Prazer	Zadovoljstvo
Relaxamento	Opuštanje

Atividades e Lazer
Zabava i Slobodno Vrijeme

Acampamento	Kampiranje
Arte	Umjetnost
Basquete	Košarka
Beisebol	Bejzbol
Boxe	Boks
Caminhada	Pješačenje
Futebol	Nogomet
Golfe	Golf
Hobbies	Hobiji
Jardinagem	Vrtlarstvo
Mergulho	Ronjenje
Natação	Plivanje
Pesca	Ribarstvo
Pintura	Slika
Relaxante	Opuštanje
Surfe	Surfanje
Tênis	Tenis
Viagem	Putovati
Voleibol	Odbojka

Aventura
Avantura

Alegria	Radost
Amigos	Prijatelji
Atividade	Aktivnost
Beleza	Ljepota
Bravura	Hrabrost
Chance	Prilika
Desafios	Izazovi
Destino	Odredište
Dificuldade	Teškoća
Entusiasmo	Entuzijazam
Excursão	Izlet
Incomum	Neobično
Itinerário	Itinerar
Natureza	Priroda
Navegação	Navigacija
Novo	Novo
Perigoso	Opasno
Preparação	Priprema
Segurança	Sigurnost
Surpreendente	Iznenađujući

Aviões
Zrakoplovi

Altura	Visina
Ar	Zrak
Aterrissagem	Slijetanje
Atmosfera	Atmosfera
Aventura	Avantura
Balão	Balon
Céu	Nebo
Combustível	Gorivo
Construção	Izgradnja
Descida	Silazak
Direção	Smjer
Hidrogênio	Vodik
História	Povijest
Inflar	Napuhati
Motor	Motor
Passageiro	Putnik
Piloto	Pilot
Tempo	Vrijeme
Tripulação	Posada
Turbulência	Turbulencija

Água
Voda

Canal	Kanal
Chuva	Kiša
Chuveiro	Tuš
Evaporação	Isparavanje
Furacão	Uragan
Geada	Mraz
Gelo	Led
Geyser	Gejzir
Inundação	Poplava
Irrigação	Navodnjavanje
Lago	Jezero
Monção	Monsun
Neve	Snijeg
Oceano	Ocean
Ondas	Valovi
Rio	Rijeka
Umidade	Vlažnost
Vapor	Para

Balé
Balet

Aplauso	Pljesak
Artístico	Umjetnički
Bailarina	Balerina
Compositor	Skladatelj
Coreografia	Koreografija
Dançarinos	Plesači
Ensaio	Proba
Estilo	Stil
Expressivo	Izražajan
Gesto	Gesta
Gracioso	Graciozan
Habilidade	Vještina
Intensidade	Intenzitet
Música	Glazba
Orquestra	Orkestar
Prática	Praksa
Público	Publika
Ritmo	Ritam
Solo	Solo
Técnica	Tehnika

Banheiro
Kupaonica

Água	Voda
Banheiro	Wc
Banho	Kada
Bolhas	Mjehurići
Chuveiro	Tuš
Espelho	Ogledalo
Esponja	Spužva
Loção	Losion
Perfume	Parfem
Sabão	Sapun
Tapete	Tepih
Tesoura	Škare
Toalha	Ručnik
Torneira	Slavina
Vapor	Para
Xampu	Šampon

Barcos
Brodovi

Âncora	Sidro
Balsa	Trajekt
Bóia	Plutača
Caiaque	Kajak
Canoa	Kanu
Corda	Uže
Doca	Pristanište
Iate	Jahta
Jangada	Splav
Lago	Jezero
Mar	More
Maré	Plima
Marinheiro	Mornar
Mastro	Jarbol
Motor	Motor
Náutico	Pomorski
Oceano	Ocean
Ondas	Valovi
Rio	Rijeka
Tripulação	Posada

Brinquedos
Igračke

Argila	Glina
Artesanato	Obrt
Avião	Zrakoplov
Barco	Čamac
Bateria	Bubnjevi
Bicicleta	Bicikl
Bola	Lopta
Boneca	Lutka
Caminhão	Kamion
Carro	Automobil
Favorito	Omiljeni
Imaginação	Mašta
Jogos	Igre
Livros	Knjige
Pipa	Zmaj
Robô	Robot
Tintas	Boje
Xadrez	Šah

Caminhada
Planinarenje

Acampamento	Kampiranje
Animais	Životinje
Água	Voda
Botas	Čizme
Cansado	Umorni
Clima	Klima
Guias	Vodiči
Mapa	Karta
Montanha	Planina
Natureza	Priroda
Orientação	Orijentacija
Parques	Parkovi
Pedras	Kamenje
Penhasco	Litica
Perigos	Opasnosti
Pesado	Teška
Preparação	Priprema
Selvagem	Divlji
Sol	Sunce
Tempo	Vrijeme

Campeonato
Prvenstvo

Campeão	Prvak
Campeonato	Prvenstvo
Desempenho	Izvođenje
Equipe	Tim
Esportes	Sportski
Estratégia	Strategija
Finalista	Finalist
Jogos	Igre
Juiz	Sudac
Liga	Liga
Medalha	Medalja
Motivação	Motivacija
Resistência	Izdržljivost
Torneio	Turnir
Treinador	Trener
Vitória	Pobjeda

Casa
Kuća

Biblioteca	Knjižnica
Cerca	Ograda
Chaves	Tipke
Chuveiro	Tuš
Cortinas	Zavjese
Cozinha	Kuhinja
Espelho	Ogledalo
Garagem	Garaža
Janela	Prozor
Jardim	Vrt
Lareira	Kamin
Mobiliário	Namještaj
Parede	Zid
Porta	Vrata
Quarto	Soba
Sótão	Potkrovlje
Tapete	Tepih
Teto	Strop
Torneira	Slavina
Vassoura	Metla

Castelos
Dvorci

Armadura	Oklop
Catapulta	Katapult
Cavaleiro	Vitez
Cavalo	Konj
Coroa	Kruna
Dinastia	Dinastija
Dragão	Zmaj
Escudo	Štit
Espada	Mač
Feudal	Feudalni
Fortaleza	Tvrđava
Império	Carstvo
Nobre	Plemeniti
Palácio	Palača
Parede	Zid
Princesa	Princeza
Príncipe	Princ
Reino	Kraljevstvo
Torre	Toranj
Unicórnio	Jednorog

Chocolate
Čokolada

Açúcar	Šećer
Amargo	Gorak
Amendoins	Kikiriki
Aroma	Aroma
Artesanal	Zanatski
Cacau	Kakao
Calorias	Kalorije
Caramelo	Karamela
Coco	Kokos
Comer	Jesti
Delicioso	Ukusno
Doce	Slatko
Exótico	Egzotično
Favorito	Omiljeni
Gosto	Ukus
Ingrediente	Sastojak
Pó	Prah
Qualidade	Kvaliteta
Receita	Recept
Sabor	Okus

Churrascos
Roštilji

Almoço	Ručak
Convite	Poziv
Crianças	Djeca
Facas	Noževi
Família	Obitelj
Fome	Glad
Frango	Piletina
Fruta	Voće
Grelha	Roštilj
Jantar	Večera
Jogos	Igre
Legumes	Povrće
Molho	Umak
Música	Glazba
Pimenta	Papar
Quente	Vruće
Sal	Sol
Saladas	Salate
Tomates	Rajčice
Verão	Ljeto

Cidade
Grad

Aeroporto	Zračna Luka
Banco	Banka
Biblioteca	Knjižnica
Cinema	Kino
Escola	Škola
Estádio	Stadion
Farmácia	Ljekarna
Florista	Cvjećar
Galeria	Galerija
Hotel	Hotel
Jardim Zoológico	Zoološki Vrt
Livraria	Knjižara
Mercado	Tržište
Museu	Muzej
Padaria	Pekara
Restaurante	Restoran
Salão	Salon
Supermercado	Supermarket
Teatro	Kazalište
Universidade	Sveučilište

Ciência
Znanost

Átomo	Atom
Cientista	Znanstvenik
Clima	Klima
Dados	Podaci
Evolução	Evolucija
Fato	Činjenica
Física	Fizika
Fóssil	Fosil
Gravidade	Gravitacija
Hipótese	Hipoteza
Laboratório	Laboratorij
Método	Metoda
Minerais	Minerali
Moléculas	Molekule
Natureza	Priroda
Observação	Promatranje
Organismo	Organizam
Partículas	Čestice
Plantas	Bilje
Químico	Kemijski

Circo
Cirkus

Acrobata	Akrobat
Animais	Životinje
Balões	Baloni
Bilhete	Ulaznica
Desfile	Parada
Doce	Bombon
Elefante	Slon
Espectador	Gledatelj
Espetacular	Spektakularan
Leão	Lav
Macaco	Majmun
Magia	Magija
Malabarista	Žongler
Mágico	Čarobnjak
Música	Glazba
Palhaço	Klaun
Tenda	Šator
Tigre	Tigar
Traje	Kostim
Truque	Trik

Clima
Vrijeme

Arco-Íris	Duga
Atmosfera	Atmosfera
Brisa	Povjetarac
Céu	Nebo
Clima	Klima
Furacão	Uragan
Gelo	Led
Monção	Monsun
Nevoeiro	Magla
Nuvem	Oblak
Polar	Polarni
Relâmpago	Munja
Seca	Suša
Seco	Suho
Temperatura	Temperatura
Tempestade	Oluja
Tornado	Tornado
Tropical	Tropski
Trovão	Grmljavina
Vento	Vjetar

Comida # 2
Hrana # 2

Alcachofra	Artičoka
Amêndoa	Badem
Arroz	Riža
Banana	Banana
Beringela	Patlidžan
Brócolis	Brokula
Cereja	Trešnja
Chocolate	Čokolada
Cogumelo	Gljiva
Frango	Piletina
Iogurte	Jogurt
Kiwi	Kivi
Maçã	Jabuka
Ovo	Jaje
Peixe	Riba
Presunto	Šunka
Queijo	Sir
Tomate	Rajčica
Trigo	Pšenica
Uva	Grožđe

Comida #1
Hrana # 1

Açúcar	Šećer
Alho	Češnjak
Amendoim	Kikiriki
Atum	Tuna
Bolo	Torta
Canela	Cimet
Cebola	Luk
Cenoura	Mrkva
Cevada	Ječam
Damasco	Marelica
Espinafre	Špinat
Leite	Mlijeko
Limão	Limun
Manjericãc	Bosiljak
Morango	Jagoda
Nabo	Repa
Sal	Sol
Salada	Salata
Sopa	Juha
Suco	Sok

Conservação
Konzervacija

Ambiental	Ekološki
Água	Voda
Ciclo	Ciklus
Clima	Klima
Ecossistema	Ekosustav
Educação	Obrazovanje
Habitat	Stanište
Natural	Prirodno
Orgânico	Organski
Pesticida	Pesticid
Poluição	Zagađenje
Reciclar	Reciklirati
Reduzir	Smanjiti
Saúde	Zdravlje
Sustentável	Održiv
Verde	Zelen
Voluntário	Volonter

Cores
Boje

Amarelo	Žuta Boja
Azul	Plava
Bege	Bež
Branco	Bijeli
Ciano	Cijan
Cinza	Siva
Fuchsia	Fuksija
Laranja	Naranča
Magenta	Magenta
Marrom	Smeđ
Preto	Crna
Rosa	Ružičasta
Roxo	Ljubičasta
Sépia	Sepija
Verde	Zelen
Vermelho	Crvena

Corpo Humano
Ljudsko Tijelo

Boca	Usta
Cabeça	Glava
Cérebro	Mozak
Coração	Srce
Cotovelo	Lakat
Dedo	Prst
Joelho	Koljeno
Mandíbula	Čeljust
Mão	Ruka
Nariz	Nos
Olho	Oko
Ombro	Rame
Orelha	Uho
Pele	Koža
Perna	Noga
Pescoço	Vrat
Queixo	Brada
Sangue	Krv
Testa	Čelo
Tornozelo	Gležanj

Cozinha
Kuhinja

Avental	Pregača
Chaleira	Čajnik
Colheres	Žlice
Comer	Jesti
Concha	Kutlača
Cups	Šalice
Especiarias	Začini
Esponja	Spužva
Facas	Noževi
Forno	Pećnica
Freezer	Zamrzivač
Garfos	Vilice
Geladeira	Hladnjak
Grelha	Roštilj
Guardanapo	Ubrus
Jarro	Vrč
Receita	Recept
Tigela	Zdjela

Dança
Ples

Academia	Akademija
Alegre	Radostan
Arte	Umjetnost
Clássico	Klasični
Coreografia	Koreografija
Corpo	Tijelo
Cultura	Kultura
Cultural	Kulturni
Emoção	Emocija
Ensaio	Proba
Expressivo	Izražajan
Graça	Milost
Movimento	Pokret
Música	Glazba
Parceiro	Partner
Postura	Držanje
Ritmo	Ritam
Saltar	Skok
Tradicional	Tradicionalan
Visual	Vidni

Dias e Meses
Dani i Mjeseci

Abril	Travanj
Agosto	Kolovoz
Ano	Godina
Calendário	Kalendar
Dezembro	Prosinac
Domingo	Nedjelja
Fevereiro	Veljača
Janeiro	Siječanj
Julho	Srpanj
Junho	Lipanj
Mês	Mjesec
Novembro	Studeni
Outubro	Listopad
Quinta-Feira	Četvrtak
Sábado	Subota
Segunda-Feira	Ponedjeljak
Semana	Tjedan
Setembro	Rujan
Sexta-Feira	Petak
Terça	Utorak

Dinossauros
Dinosauri

Asas	Krila
Carnívoro	Mesožder
Cauda	Rep
Desaparecimento	Nestanak
Enorme	Ogroman
Espécies	Vrsta
Evolução	Evolucija
Fósseis	Fosili
Grande	Veliki
Herbívoro	Biljojedi
Mamute	Mamut
Onívoro	Svejed
Poderoso	Snažan
Presa	Plijen
Pré-Histórico	Prapovijesni
Réptil	Gmaz
Tamanho	Veličina
Terra	Zemlja
Vicioso	Začarani

Dirigindo
Vožnja

Acidente	Nesreća
Carro	Automobil
Combustível	Gorivo
Cuidado	Oprez
Estrada	Cesta
Freios	Kočnice
Garagem	Garaža
Gás	Plin
Licença	Licenca
Mapa	Karta
Motocicleta	Motocikl
Motor	Motor
Pedestre	Pješak
Perigo	Opasnost
Polícia	Policija
Rua	Ulica
Segurança	Sigurnost
Transporte	Prijevoz
Tráfego	Promet
Túnel	Tunel

Disciplinas Científicas
Znanstvene Discipline

Anatomia	Anatomija
Arqueologia	Arheologija
Astronomia	Astronomija
Biologia	Biologija
Bioquímica	Biokemija
Botânica	Botanika
Cinesiologia	Kineziologija
Ecologia	Ekologija
Fisiologia	Fiziologija
Geologia	Geologija
Imunologia	Imunologija
Linguística	Lingvistika
Meteorologia	Meteorologija
Mineralogia	Mineralogija
Neurologia	Neurologija
Psicologia	Psihologija
Química	Kemija
Sociologia	Sociologija
Termodinâmica	Termodinamika
Zoologia	Zoologija

Ecologia
Ekologija

Clima	Klima
Comunidades	Zajednice
Diversidade	Raznolikost
Espécies	Vrsta
Fauna	Fauna
Flora	Flora
Global	Globalno
Habitat	Stanište
Marinho	Pomorski
Montanhas	Planine
Natural	Prirodno
Natureza	Priroda
Pântano	Močvara
Plantas	Bilje
Recursos	Resursi
Seca	Suša
Sobrevivência	Opstanak
Sustentável	Održiv
Vegetação	Vegetacija
Voluntários	Volonteri

Edifícios
Građevine

Apartamento	Stan
Cabine	Kabina
Castelo	Dvorac
Celeiro	Staja
Cinema	Kino
Escola	Škola
Estádio	Stadion
Fazenda	Farma
Fábrica	Tvornica
Garagem	Garaža
Hospital	Bolnica
Hotel	Hotel
Laboratório	Laboratorij
Museu	Muzej
Observatório	Zvjezdarnica
Supermercado	Supermarket
Teatro	Kazalište
Tenda	Šator
Torre	Toranj
Universidade	Sveučilište

Emoções
Emocije

Alegria	Radost
Amor	Ljubav
Animado	Uzbuđen
Bem-Aventurança	Blaženstvo
Bondade	Ljubaznost
Calmo	Miran
Conteúdo	Sadržaj
Envergonhado	Neugodno
Grato	Zahvalan
Medo	Strah
Paz	Mir
Raiva	Bijes
Satisfeito	Zadovoljan
Simpatia	Simpatija
Ternura	Nježnost
Tédio	Dosada
Tristeza	Tuga

Escalada
Penjanje po Stijenama

Altitude	Visina
Atmosfera	Atmosfera
Botas	Čizme
Caminhada	Pješačenje
Capacete	Kaciga
Caverna	Špilja
Curiosidade	Znatiželja
Desafios	Izazovi
Especialista	Stručnjak
Estabilidade	Stabilnost
Estreito	Suziti
Físico	Fizički
Força	Snaga
Guias	Vodiči
Luvas	Rukavice
Mapa	Karta
Terreno	Teren

Escola # 2
Škola Broj 2

Académico	Akademski
Atividades	Aktivnosti
Biblioteca	Knjižnica
Calendário	Kalendar
Ciência	Znanost
Computador	Računalo
Dicionário	Rječnik
Educação	Obrazovanje
Gramática	Gramatika
Jogos	Igre
Lápis	Olovka
Leitura	Čitanje
Literatura	Književnost
Livros	Knjige
Matemática	Matematika
Mochila	Ruksak
Papel	Papir
Professor	Učitelj
Suprimentos	Pribor
Tesoura	Škare

Escola #1
Škola Broj 1

Alfabeto	Abeceda
Almoço	Ručak
Amigos	Prijatelji
Aprender	Učiti
Biblioteca	Knjižnica
Cadeira	Stolica
Canetas	Olovke
Exames	Ispiti
Lápis	Olovka
Livros	Knjige
Matemática	Matematika
Mesa	Stol
Números	Brojevi
Papel	Papir
Pastas	Mape
Professor	Učitelj
Questionário	Kviz
Respostas	Odgovori

Especiarias
Začini

Açafrão	Šafran
Alcaçuz	Slatki
Alho	Češnjak
Amargo	Gorak
Anis	Anis
Azedo	Kiselo
Baunilha	Vanilija
Canela	Cimet
Cardamomo	Kardamom
Caril	Curry
Cebola	Luk
Coentro	Korijander
Cominho	Kumin
Doce	Slatko
Funcho	Komorač
Gengibre	Đumbir
Páprica	Paprika
Pimenta	Papar
Sabor	Okus
Sal	Sol

Esportes
Sportski

Atleta	Sportaš
Árbitro	Sudac
Basquete	Košarka
Beisebol	Bejzbol
Bicicleta	Bicikl
Campeonato	Prvenstvo
Equipe	Tim
Estádio	Stadion
Ganhador	Pobjednik
Ginásio	Gimnazija
Ginástica	Gimnastika
Golfe	Golf
Hóquei	Hokej
Jogador	Igrač
Jogo	Igra
Movimento	Pokret
Tênis	Tenis
Treinador	Trener

Exploração
Istraživanje

Animais	Životinje
Aprender	Učiti
Atividade	Aktivnost
Coragem	Hrabrost
Culturas	Kulture
Descoberta	Otkriće
Desconhecido	Nepoznat
Determinação	Odlučnost
Espaço	Prostor
Exaustão	Iscrpljenost
Excitação	Uzbuđenje
Língua	Jezik
Novo	Novo
Perigos	Opasnosti
Selvagem	Divlji
Terreno	Teren
Viagem	Putovati

Família
Obitelj

Antepassado	Predak
Avó	Baka
Criança	Dijete
Crianças	Djeca
Esposa	Supruga
Filha	Kći
Infância	Djetinjstvo
Irmã	Sestra
Irmão	Brat
Marido	Muž
Materno	Majčinski
Mãe	Majka
Neto	Unuk
Pai	Otac
Paterno	Očinski
Primo	Rođak
Sobrinha	Nećakinja
Sobrinho	Nećak
Tia	Tetka
Tio	Ujak

Fazenda #1
Farma Broj 1

Abelha	Pčela
Agricultura	Poljoprivreda
Arroz	Riža
Água	Voda
Bezerro	Tele
Burro	Magarac
Cabra	Koza
Campo	Polje
Cavalo	Konj
Cão	Pas
Cerca	Ograda
Corvo	Vrana
Feno	Sijeno
Fertilizante	Gnojivo
Frango	Piletina
Gato	Mačka
Mel	Med
Porco	Svinja
Rebanho	Stado
Vaca	Krava

Fazenda #2
Farma № 2

Animais	Životinje
Celeiro	Staja
Cevada	Ječam
Colmeia	Košnica
Cordeiro	Janjetina
Fruta	Voće
Ganso	Guske
Irrigação	Navodnjavanje
Leite	Mlijeko
Lhama	Lame
Maduro	Zrelo
Milho	Kukuruz
Ovelha	Ovce
Pastor	Pastir
Pato	Patka
Pomar	Voćnjak
Prado	Livada
Trator	Traktor
Trigo	Pšenica
Vegetal	Povrće

Ferramentas
Alati

Alicate	Kliješta
Cabo	Kabel
Cola	Ljepilo
Corda	Uže
Escada	Ljestve
Faca	Nož
Grampeador	Klamerica
Grampo	Spajalica
Machado	Sjekira
Malho	Malj
Martelo	Čekić
Navalha	Britva
Parafuso	Vijak
Pá	Lopata
Roda	Kotač
Tesoura	Škare
Tocha	Baklja

Férias #2
Odmor № 2

Acampamento	Kampiranje
Aeroporto	Zračna Luka
Destino	Odredište
Estrangeiro	Stranac
Feriado	Odmor
Fotos	Fotografije
Hotel	Hotel
Ilha	Otok
Mapa	Karta
Mar	More
Montanhas	Planine
Passaporte	Putovnica
Praia	Plaža
Reservas	Rezervacije
Restaurante	Restoran
Táxi	Taksi
Tenda	Šator
Transporte	Prijevoz
Viagem	Putovanje
Visto	Viza

Ficção Científica
Znanstvena Fantastika

Atómico	Atomski
Cinema	Kino
Distopia	Distopija
Explosão	Eksplozija
Extremo	Krajnost
Fantástico	Fantastičan
Fogo	Vatra
Futurista	Futuristički
Galáxia	Galaksija
Ilusão	Iluzija
Imaginário	Zamišljen
Livros	Knjige
Misterioso	Tajanstveni
Mundo	Svijet
Oráculo	Proročište
Planeta	Planeta
Realista	Realno
Robôs	Roboti
Tecnologia	Tehnologija
Utopia	Utopija

Flores
Cvijeće

Buquê	Buket
Dente-De-Leão	Maslačak
Gardênia	Gardenija
Girassol	Suncokret
Hibisco	Hibiskus
Jasmim	Jasmin
Lavanda	Lavanda
Lilás	Lila
Lírio	Ljiljan
Magnólia	Magnolija
Margarida	Tratinčica
Narciso	Narcis
Orquídea	Orhideja
Papoula	Mak
Peônia	Božur
Pétala	Latica
Plumeria	Plumerija
Rosa	Ruža
Trevo	Djetelina
Tulipa	Tulipan

Floresta Tropical
Prašuma

Anfíbios	Vodozemci
Botânico	Botanički
Clima	Klima
Comunidade	Zajednica
Diversidade	Raznolikost
Espécies	Vrsta
Indígena	Autohtono
Insetos	Kukci
Mamíferos	Sisavci
Musgo	Mahovina
Natureza	Priroda
Nuvens	Oblaci
Pássaros	Ptice
Preservação	Očuvanje
Refúgio	Utočište
Respeito	Poštovanje
Restauração	Obnova
Selva	Džungla
Sobrevivência	Opstanak
Valioso	Vrijedan

Formas
Obrasci

Arco	Luk
Canto	Kut
Cilindro	Cilindar
Círculo	Krug
Cone	Konus
Cubo	Kocka
Curva	Krivulja
Elipse	Elipsa
Esfera	Sfera
Hipérbole	Hiperbola
Lado	Strana
Linha	Crta
Oval	Ovalan
Pirâmide	Piramida
Polígono	Poligon
Prisma	Prizma
Quadrado	Kvadrat
Retângulo	Pravokutnik
Triângulo	Trokut

Frutas
Voće

Abacate	Avokado
Abacaxi	Ananas
Amora	Kupina
Baga	Bobica
Banana	Banana
Cereja	Trešnja
Coco	Kokos
Damasco	Marelica
Figo	Smokva
Framboesa	Malina
Goiaba	Guava
Kiwi	Kivi
Laranja	Naranča
Limão	Limun
Maçã	Jabuka
Mamão	Papaja
Manga	Mango
Pera	Kruška
Pêssego	Breskva
Uva	Grožđe

Gatos
Mačke

Brincalhão	Razigran
Caçador	Lovac
Cauda	Rep
Curioso	Znatiželjan
Dormir	Spavati
Engraçado	Smiješno
Fio	Pređa
Garra	Kandža
Independente	Nezavisna
Louco	Lud
Mouse	Miš
Pata	Šapa
Pele	Krzno
Personalidade	Osobnost
Selvagem	Divlji
Tímido	Stidljiv

Geografia
Geografija

Altitude	Visina
Atlas	Atlas
Cidade	Grad
Continente	Kontinent
Hemisfério	Hemisfera
Ilha	Otok
Latitude	Širina
Mapa	Karta
Mar	More
Meridiano	Meridijan
Montanha	Planina
Mundo	Svijet
Norte	Sjever
Oceano	Ocean
Oeste	Zapad
País	Zemlja
Região	Regija
Rio	Rijeka
Sul	Jug
Território	Područje

Geologia
Geologija

Ácido	Kiselina
Camada	Sloj
Caverna	Kaverna
Cálcio	Kalcij
Continente	Kontinent
Coral	Koralja
Cristais	Kristali
Erosão	Erozija
Estalactite	Stalaktit
Estalagmites	Stalagmiti
Fóssil	Fosil
Lava	Lava
Minerais	Minerali
Pedra	Kamen
Platô	Plato
Quartzo	Kvarc
Sal	Sol
Terremoto	Potres
Vulcão	Vulkan
Zona	Zona

Herbalismo
Herbalizam

Açafrão	Šafran
Alecrim	Ružmarin
Alho	Češnjak
Aromático	Aromatski
Benéfico	Korisno
Coentro	Korijander
Estragão	Dragulj
Flor	Cvijet
Funcho	Komorač
Ingrediente	Sastojak
Jardim	Vrt
Lavanda	Lavanda
Manjericão	Bosiljak
Manjerona	Mažuran
Planta	Biljka
Qualidade	Kvaliteta
Sabor	Okus
Salsa	Peršin
Tomilho	Timijan
Verde	Zelen

Insetos
Insekti

Abelha	Pčela
Barata	Žohar
Besouro	Buba
Borboleta	Leptir
Cigarra	Cvrčak
Cupim	Termit
Formiga	Mrav
Gafanhoto	Skakavac
Joaninha	Bubamara
Larva	Larva
Libélula	Vilin Konjic
Louva-A-Deus	Bogomoljka
Mariposa	Moljac
Minhoca	Crv
Mosquito	Komarac
Pulga	Buha
Pulgão	Lisne Uši
Vespa	Osa

Instrumentos Musicais
Glazbeni Instrumenti

Bandolim	Mandolina
Banjo	Bendžo
Clarinete	Klarinet
Fagote	Fagot
Flauta	Flauta
Gaita	Harmonika
Gongo	Gong
Harpa	Harfa
Marimba	Marimba
Oboé	Oboa
Pandeiro	Tamburaški
Percussão	Udaraljke
Piano	Klavir
Saxofone	Saksofon
Tambor	Bubanj
Trombone	Trombon
Trompete	Truba
Violão	Gitara
Violino	Violina
Violoncelo	Violončelo

Jardim
Vrt

Ancinho	Grablje
Arbusto	Grm
Árvore	Drvo
Banco	Klupa
Cerca	Ograda
Flor	Cvijet
Garagem	Garaža
Grama	Trava
Gramado	Travnjak
Jardim	Vrt
Lagoa	Ribnjak
Maca	Viseća
Mangueira	Crijevo
Pá	Lopata
Pomar	Voćnjak
Solo	Tlo
Terraço	Terasa
Trampolim	Trampolin
Varanda	Trijem
Videira	Loza

Literatura
Književnost

Analogia	Analogija
Análise	Analiza
Anedota	Anegdota
Autor	Autor
Biografia	Biografija
Comparação	Usporedba
Conclusão	Zaključak
Descrição	Opis
Diálogo	Dijalog
Estilo	Stil
Ficção	Fikcija
Metáfora	Metafora
Narrador	Pripovjedač
Opinião	Mišljenje
Poema	Pjesma
Rima	Rima
Ritmo	Ritam
Romance	Roman
Tema	Tema
Tragédia	Tragedija

Livros
Knjige

Autor	Autor
Aventura	Avantura
Coleção	Zbirka
Contexto	Kontekst
Dualidade	Dualnost
Escrito	Napisan
Épico	Ep
História	Priča
Histórico	Povijesni
Inventivo	Inventivni
Leitor	Čitač
Literário	Literarni
Narrador	Pripovjedač
Página	Stranica
Poema	Pjesma
Poesia	Poezija
Relevante	Relevantan
Romance	Roman
Série	Serija
Trágico	Tragično

Mamíferos
Sisavci

Baleia	Kit
Camelo	Deva
Canguru	Klokan
Castor	Dabar
Cavalo	Konj
Cão	Pas
Coelho	Zec
Coiote	Kojot
Elefante	Slon
Gato	Mačka
Girafa	Žirafa
Golfinho	Dupin
Gorila	Gorila
Leão	Lav
Lobo	Vuk
Macaco	Majmun
Ovelha	Ovce
Raposa	Lisica
Touro	Bik
Zebra	Zebra

Matemática
Matematika

Aritmética	Aritmetika
Ângulos	Kutovi
Circunferência	Opseg
Decimal	Decimala
Diâmetro	Promjer
Equação	Jednadžba
Expoente	Eksponent
Fração	Frakcija
Geometria	Geometrija
Paralelo	Paralelno
Paralelogramo	Paralelogram
Perímetro	Perimetar
Perpendicular	Okomica
Polígono	Poligon
Raio	Radijus
Retângulo	Pravokutnik
Simetria	Simetrija
Soma	Suma
Triângulo	Trokut
Volume	Volumen

Material de Arte
Umjetnički Pribor

Acrílico	Akril
Apagador	Brisač
Argila	Glina
Água	Voda
Cadeira	Stolica
Carvão	Ugljen
Cavalete	Stalak
Câmera	Kamera
Cola	Ljepilo
Cores	Boje
Criatividade	Kreativnost
Escovas	Četke
Lápis	Olovke
Mesa	Stol
Óleo	Ulje
Papel	Papir
Tinta	Tinta

Medições
Mjerenja

Altura	Visina
Byte	Bajt
Centímetro	Centimetar
Comprimento	Dužina
Decimal	Decimala
Grama	Gram
Grau	Stupanj
Largura	Širina
Litro	Litra
Massa	Masa
Metro	Metar
Minuto	Minuta
Onça	Unca
Peso	Težina
Polegada	Inč
Profundidade	Dubina
Quilograma	Kilogram
Quilômetro	Kilometar
Tonelada	Tona
Volume	Volumen

Meditação
Meditacija

Aceitação	Prihvaćanje
Acordado	Budan
Atenção	Pažnja
Bondade	Ljubaznost
Clareza	Jasnoća
Compaixão	Suosjećanje
Emoções	Emocije
Ensinamentos	Učenja
Gratidão	Zahvalnost
Mental	Mentalno
Mente	Um
Movimento	Pokret
Música	Glazba
Natureza	Priroda
Observação	Promatranje
Paz	Mir
Pensamentos	Misli
Perspectiva	Perspektiva
Postura	Držanje
Silêncio	Tišina

Mitologia
Mitologija

Arquétipo	Arhetip
Ciúmes	Ljubomora
Comportamento	Ponašanje
Criação	Stvaranje
Criatura	Stvorenje
Cultura	Kultura
Desastre	Katastrofa
Força	Snaga
Guerreiro	Ratnik
Heroína	Junakinja
Herói	Junak
Imortalidade	Besmrtnost
Labirinto	Labirint
Lenda	Legenda
Mágico	Čarobni
Monstro	Čudovište
Mortal	Smrtnik
Relâmpago	Munja
Trovão	Grmljavina
Vingança	Osveta

Natureza
Priroda

Abelhas	Pčele
Abrigo	Sklonište
Animais	Životinje
Ártico	Arktik
Beleza	Ljepota
Deserto	Pustinja
Dinâmico	Dinamičan
Erosão	Erozija
Floresta	Šuma
Folhagem	Lišće
Geleira	Ledenjak
Nevoeiro	Magla
Nuvens	Oblaci
Pacífico	Mirno
Rio	Rijeka
Santuário	Svetište
Selvagem	Divlji
Sereno	Spokojan
Tropical	Tropski
Vital	Bitan

Nutrição
Prehrana

Amargo	Gorak
Apetite	Apetit
Calorias	Kalorije
Comestível	Jestivo
Dieta	Dijeta
Digestão	Probava
Equilibrado	Uravnotežen
Fermentação	Vrenje
Ingredientes	Sastojci
Líquidos	Tekućine
Molho	Umak
Nutriente	Hranljiv
Peso	Težina
Proteínas	Proteini
Qualidade	Kvaliteta
Sabor	Okus
Saudável	Zdrav
Saúde	Zdravlje
Toxina	Toksin
Vitamina	Vitamin

Números
Brojevi

Cinco	Pet
Decimal	Decimala
Dez	Deset
Dezesseis	Šesnaest
Dezessete	Sedamnaest
Dezoito	Osamnaest
Dois	Dva
Doze	Dvanaest
Nove	Devet
Oito	Osam
Quatorze	Četrnaest
Quatro	Četiri
Quinze	Petnaest
Seis	Šest
Sete	Sedam
Treze	Trinaest
Três	Tri
Um	Jedan
Vinte	Dvadeset
Zero	Nula

Oceano
Ocean

Alga	Alge
Atum	Tuna
Baleia	Kit
Barco	Čamac
Camarão	Škampi
Caranguejo	Rak
Coral	Koralja
Enguia	Jegulja
Esponja	Spužva
Golfinho	Dupin
Marés	Plime
Medusa	Meduza
Ostra	Kamenica
Peixe	Riba
Polvo	Hobotnica
Recife	Greben
Sal	Sol
Tartaruga	Kornjača
Tempestade	Oluja
Tubarão	Morski Pas

Paisagens
Krajolici

Cascata	Vodopad
Caverna	Špilja
Colina	Brdo
Deserto	Pustinja
Geleira	Ledenjak
Golfo	Zaljev
Iceberg	Ledena
Ilha	Otok
Lago	Jezero
Mar	More
Montanha	Planina
Oásis	Oaza
Oceano	Ocean
Pântano	Močvara
Península	Poluotok
Praia	Plaža
Rio	Rijeka
Tundra	Tundra
Vale	Dolina
Vulcão	Vulkan

Países #2
Zemlje № 2

Albânia	Albanija
Dinamarca	Danska
França	Francuska
Grécia	Grčka
Haiti	Haiti
Indonésia	Indonezija
Irlanda	Irska
Jamaica	Jamajka
Japão	Japan
Laos	Laos
Líbano	Libanon
México	Meksiko
Nepal	Nepal
Nigéria	Nigerija
Paquistão	Pakistan
Rússia	Rusija
Síria	Sirija
Somália	Somalija
Ucrânia	Ukrajina
Uganda	Uganda

Pássaros
Ptice

Avestruz	Noj
Águia	Orao
Cegonha	Roda
Cisne	Labud
Corvo	Vrana
Cuco	Kukavica
Flamingo	Flamingo
Frango	Piletina
Gaivota	Galeb
Ganso	Guska
Garça	Čaplja
Ovo	Jaje
Papagaio	Papiga
Pardal	Vrabac
Pato	Patka
Pavão	Paun
Pelicano	Pelikan
Pinguim	Pingvin
Pombo	Golub
Tucano	Toucan

Pesca
Ribarstvo

Água	Voda
Barbatanas	Peraje
Barco	Čamac
Brânquias	Škrge
Cesta	Košara
Cozinhar	Kuhati
Equipamento	Oprema
Exagero	Pretjerivanje
Fio	Žica
Gancho	Kuka
Isca	Mamac
Lago	Jezero
Mandíbula	Čeljust
Oceano	Ocean
Paciência	Strpljenje
Peso	Težina
Praia	Plaža
Rio	Rijeka
Temporada	Sezona

Piratas
Gusari

Aventura	Avantura
Âncora	Sidro
Bússola	Kompas
Capitão	Kapetan
Caverna	Špilja
Cicatriz	Ožiljak
Espada	Mač
Ilha	Otok
Lenda	Legenda
Mapa	Karta
Mau	Loše
Moedas	Kovanice
Oceano	Ocean
Ouro	Zlato
Papagaio	Papiga
Perigo	Opasnost
Praia	Plaža
Rum	Rum
Tesouro	Blago
Tripulação	Posada

Plantas
Biljke

Arbusto	Grm
Árvore	Drvo
Baga	Bobica
Bambu	Bambus
Botânica	Botanika
Cacto	Kaktus
Feijão	Grah
Fertilizante	Gnojivo
Flor	Cvijet
Flora	Flora
Floresta	Šuma
Folha	List
Folhagem	Lišće
Grama	Trava
Hera	Bršljan
Jardim	Vrt
Musgo	Mahovina
Pétala	Latica
Raiz	Korijen
Vegetação	Vegetacija

Praia
Plaža

Areia	Pijesak
Azul	Plava
Barco	Čamac
Caranguejo	Rak
Costa	Obala
Doca	Pristanište
Guarda-Chuva	Kišobran
Ilha	Otok
Lagoa	Laguna
Mar	More
Oceano	Ocean
Recife	Greben
Sandálias	Sandale
Sol	Sunce
Toalha	Ručnik
Veleiro	Jedrilica

Profissões #1
Zanimanja № 1

Advogado	Odvjetnik
Alfaiate	Krojač
Artista	Umjetnik
Astrônomo	Astronom
Atleta	Sportaš
Banqueiro	Bankar
Bombeiro	Vatrogasac
Caçador	Lovac
Cartógrafo	Kartograf
Cientista	Znanstvenik
Dançarino	Plesačica
Editor	Urednik
Embaixador	Ambasador
Geólogo	Geolog
Joalheiro	Zlatar
Marinheiro	Mornar
Músico	Glazbenik
Pianista	Pijanist
Psicólogo	Psiholog
Veterinário	Veterinar

Profissões #2
Zanimanja № 2

Astronauta	Astronaut
Bibliotecário	Knjižničar
Biólogo	Biolog
Cirurgião	Kirurg
Dentista	Zubar
Detetive	Detektiv
Engenheiro	Inženjer
Filósofo	Filozof
Fotógrafo	Fotograf
Ilustrador	Ilustrator
Inventor	Izumitelj
Investigador	Istraživač
Jardineiro	Vrtlar
Jornalista	Novinar
Linguista	Jezikoslovac
Médico	Liječnik
Piloto	Pilot
Pintor	Slikar
Professor	Učitelj
Zoólogo	Zoolog

Restaurante # 2
Restoran Broj 2

Almoço	Ručak
Aperitivo	Predjelo
Água	Voda
Bebida	Piće
Bolo	Torta
Cadeira	Stolica
Colher	Žlica
Delicioso	Ukusno
Especiarias	Začini
Fruta	Voće
Garçom	Konobar
Garfo	Vilica
Gelo	Led
Jantar	Večera
Legumes	Povrće
Macarrão	Rezanci
Peixe	Riba
Sal	Sol
Salada	Salata
Sopa	Juha

Restaurante #1
Restoran Broj 1

Alergia	Alergija
Café	Kava
Caixa	Blagajnik
Carne	Meso
Comer	Jesti
Cozinha	Kuhinja
Faca	Nož
Frango	Piletina
Garçonete	Konobarica
Guardanapo	Ubrus
Ingredientes	Sastojci
Menu	Jelovnik
Molho	Umak
Pão	Kruh
Picante	Akutni
Placa	Tanjur
Reserva	Rezervacija
Sobremesa	Desert
Tigela	Zdjela

Roupas
Odjeća

Avental	Pregača
Blusa	Bluza
Calça	Hlače
Camisa	Košulja
Casaco	Kaput
Chapéu	Šešir
Cinto	Pojas
Colar	Ogrlica
Jaqueta	Jakna
Jeans	Traperice
Luvas	Rukavice
Meias	Čarape
Moda	Moda
Pijama	Pidžama
Pulseira	Narukvica
Saia	Suknja
Sandálias	Sandale
Sapato	Cipela
Suéter	Džemper
Vestido	Haljina

Sons
Zvukovi

Alto	Glasno
Apito	Zviždaljka
Aplaudir	Pljeskati
Concerto	Koncert
Coro	Zbor
Eco	Jeka
Gemer	Jecaj
Ressonante	Rezonantno
Riso	Smijeh
Ruidoso	Bučan
Sino	Zvono
Sirenes	Sirene
Sussurrar	Šapat
Tosse	Kašalj
Vibração	Vibracija
Vozes	Glasovi

Surf
Surfanje

Atleta	Sportaš
Campeão	Prvak
Espuma	Pjena
Estilo	Stil
Estômago	Želudac
Extremo	Krajnost
Força	Snaga
Multidões	Gužve
Oceano	Ocean
Onda	Val
Popular	Popularan
Praia	Plaža
Principiante	Početnik
Rapidez	Brzina
Recife	Greben
Tempo	Vrijeme

Tecnologia
Tehnologija

Arquivo	Datoteka
Blog	Blog
Bytes	Bajtovi
Câmera	Kamera
Computador	Računalo
Cursor	Kursor
Dados	Podaci
Digital	Digitalni
Estatísticas	Statistika
Internet	Internet
Mensagem	Poruka
Navegador	Preglednik
Pesquisa	Istraživanje
Segurança	Sigurnost
Software	Softver
Tela	Zaslon
Virtual	Virtualan
Vírus	Virus

Tempo
Vrijeme

Agora	Sada
Ano	Godina
Antes	Prije
Anual	Godišnji
Calendário	Kalendar
Década	Desetljeće
Dia	Dan
Futuro	Budućnost
Hoje	Danas
Manhã	Jutro
Meio-Dia	Podne
Mês	Mjesec
Minuto	Minuta
Momento	Trenutak
Noite	Noć
Ontem	Jučer
Passado	Prošlost
Relógio	Sat
Semana	Tjedan
Século	Stoljeće

Tipos de Cabelo
Vrste Kose

Branco	Bijeli
Brilhante	Sjajan
Cachos	Kovrče
Careca	Ćelav
Cinza	Siva
Curto	Kratak
Encaracolado	Kovrčava
Fino	Tanak
Grosso	Debeo
Loiro	Plavuša
Longo	Dugo
Marrom	Smeđ
Ondulado	Valovita
Prata	Srebro
Preto	Crna
Saudável	Zdrav
Seco	Suho
Suave	Mekan
Trançado	Pletena
Tranças	Pletenice

Vegetais
Povrće

Abóbora	Bundeva
Aipo	Celer
Alcachofra	Artičoka
Alho	Češnjak
Batata	Krumpir
Beringela	Patlidžan
Brócolis	Brokula
Cebola	Luk
Cenoura	Mrkva
Chalota	Luk Kozjak
Cogumelo	Gljiva
Ervilha	Grašak
Espinafre	Špinat
Gengibre	Đumbir
Nabo	Repa
Pepino	Krastavac
Rabanete	Rotkvica
Salada	Salata
Salsa	Peršin
Tomate	Rajčica

Veículos
Vozila

Ambulância	Hitna Pomoć
Avião	Zrakoplov
Balsa	Trajekt
Barco	Čamac
Bicicleta	Bicikl
Caminhão	Kamion
Caravana	Karavan
Carro	Automobil
Foguete	Raketa
Furgão	Kombi
Helicóptero	Helikopter
Jangada	Splav
Lambreta	Skuter
Motor	Motor
Ônibus	Autobus
Pneus	Gume
Submarino	Podmornica
Táxi	Taksi
Transporte	Čunak
Trator	Traktor

Verão
Ljeto

Acampamento	Kampiranje
Alegria	Radost
Amigos	Prijatelji
Casa	Dom
Estrelas	Zvijezde
Família	Obitelj
Jardim	Vrt
Jogos	Igre
Livros	Knjige
Mar	More
Mergulho	Ronjenje
Música	Glazba
Praia	Plaža
Relaxamento	Opuštanje
Sandálias	Sandale
Viagem	Putovati

Virtudes #1
Vrline # 1

Apaixonado	Strasan
Artístico	Umjetnički
Bom	Dobar
Confiante	Uvjeren
Curioso	Znatiželjan
Decisivo	Odlučno
Eficiente	Efikasan
Encantador	Šarmantan
Engraçado	Smiješno
Generoso	Velikodušan
Independente	Nezavisna
Inteligente	Inteligentan
Limpo	Čist
Modesto	Skroman
Paciente	Pacijent
Prático	Praktičan
Sábio	Mudar
Útil	Koristan

Xadrez
Šah

Aprender	Učiti
Branco	Bijeli
Campeão	Prvak
Concurso	Natjecanje
Desafios	Izazovi
Diagonal	Dijagonala
Estratégia	Strategija
Jogador	Igrač
Jogo	Igra
Oponente	Protivnik
Passivo	Pasivno
Pontos	Točke
Preto	Crna
Rainha	Kraljica
Regras	Pravila
Rei	Kralj
Sacrifício	Žrtvovati
Tempo	Vrijeme
Torneio	Turnir

Parabéns

Conseguiu!

Esperamos que tenha gostado tanto deste livro como nós gostamos de o desenhar. Esforçamo-nos por criar livros da mais alta qualidade possível.
Esta edição foi concebida para proporcionar uma aprendizagem inteligente, de qualidade e divertida!

Gostou deste livro?

Um simples pedido

Estes livros existem graças às críticas que publica.
Pode ajudar-nos, deixando agora uma revisão?

Aqui está um pequeno link para
a sua página de revisão:

BestBooksActivity.com/Avaliacoes50

DESAFIO FINAL!

Desafio n° 1

Está pronto para o seu jogo grátis? Usamo-los a toda a hora, mas não são tão fáceis de encontrar - aqui estão os **Sinônimos!**

Escreva 5 palavras que encontrou nos puzzles (n° 21, n° 36, n° 76) e tente encontrar 2 sinónimos para cada palavra.

Escreva 5 palavras de *Puzzle 21*

Palavras	Sinônimo 1	Sinônimo 2

Escreva 5 palavras de *Puzzle 36*

Palavras	Sinônimo 1	Sinônimo 2

Escreva 5 palavras de *Puzzle 76*

Palavras	Sinônimo 1	Sinônimo 2

Desafio n° 2

Agora que já aqueceu, escreva 5 palavras que encontrou nos Puzzles (n° 9, n° 17 e n° 25) e tente encontrar 2 antônimos para cada palavra. Quantos se podem encontrar em 20 minutos?

Escreva 5 palavras de **Puzzle 9**

Palavras	Antônimo 1	Antônimo 2

Escreva 5 palavras de **Puzzle 17**

Palavras	Antônimo 1	Antônimo 2

Escreva 5 palavras de **Puzzle 25**

Palavras	Antônimo 1	Antônimo 2

Desafio n° 3

Óptimo! Este desafio final não é nada para si.

Pronto para o desafio final? Escolha 10 palavras que tenha descoberto nos diferentes puzzles e escreva-as abaixo.

1.	6.
2.	7.
3.	8.
4.	9.
5.	10.

Agora escreva um texto a pensar numa pessoa, num animal ou num lugar de seu agrado.

Pode utilizar a última página deste livro como um rascunho.

A Sua Composição:

CADERNO DE NOTAS:

ATÉ BREVE!

A equipa Inteira

DESCUBRA JOGOS GRATUITOS

GO

BESTACTIVITYBOOKS.COM/FREEGAMES